ZUM BEISPIEL BAUMWOLLE

Redaktion:
Carina Weber
Dagmar Parusel

Süd-Nord

Lamuv Taschenbuch 177

Bitte fordern Sie unser kostenloses Gesamtverzeichnis an:
Lamuv Verlag, Postfach 26 05, D-37016 Göttingen

Das Papier des Buchblocks besteht zu 100 Prozent
aus Altpapier

98 99 00   6 5 4 3 2

Originalausgabe
© Copyright Lamuv Verlag GmbH, Göttingen 1995

Umschlaggestaltung: Gerhard Steidl
Gesamtherstellung: Steidl, Göttingen
Printed in Germany
ISBN 3-88977-408-3

Inhalt

Alles Baumwolle...

Aus Baumwolle sind die Kinderwindel und das
festliche Abendkleid, das Küchenhandtuch und
die Damastdecke, der Scheuerlappen und die Mar-
quisette-Gardine, das Förderband und das Segel-
tuch. Mit Baumwolle wird gepolstert und isoliert.
Aus Baumwolle läßt sich ein gefährlicher Spreng-
stoff machen. Aus Baumwolle ist auch die Watte.
Mit Baumwolle werden ganze Armeen eingeklei-
det. Aber die Baumwolle ist noch mehr. Sie liefert
nicht nur die begehrte Faser, sondern auch andere
hochwertige Stoffe. Die Baumwollsamen enthalten ein gefragtes Speiseöl. Die beim Auspressen
anfallenden Fette und Stearine wandern als Ne-
benprodukte in die Herstellung von Seifen, Indu-
striefetten und Kerzen. Die ausgepreßten Reste
(Samenschalen und Ölkuchen) ergeben Düngemittel und ein eiweißreiches Kraftfutter. Baum-
woll-Linters (die ganz kurzen, nicht mehr ver-
spinnbaren Baumwollfäden des Samens) bestehen aus fast reiner Zellulose und bilden einen be-
vorzugten Rohstoff der Zellstoffindustrie, die daraus Papier, Zellwolle, Kunstseide und Filmmate-
rial (Zelluloid) herstellt...   *K.-P. Krause*

Baumwolle, reif für die Ernte

In der Hitze des Tages
kommen sie zu Tausenden

Mit dem ersten Hauch des Herbstes wandern die
Bauern mit Sack und Pack aus den Dörfern jen-
seits der Tauruskette, aus der öden, versengten,
ausgedorrten, baumlosen Hochebene, wo das hü-
gelige Land in langen, sanften Wellen in die
Steppe abfällt, zur Arbeit hinunter in die Çucuro-
va-Ebene. Keine Menschenseele bleibt in den
Dörfern zurück. Alt und Jung, Kranke und Schwa-
che ziehen mit. Nicht einmal einen Wächter lassen
sie in den verwaisten Dörfern zurück, obwohl
überall Getreide in den Gruben gespeichert ist,
das Bettzeug in den Kisten, Kleider in den Truhen
liegen, all ihre Kostbarkeiten, einschließlich der
Aussteuer für die Bräute. Die Arbeit auf den
Baumwollfeldern dauert gewöhnlich ein oder
zwei Monate. Für die Bewohner der Hochebene
von Uzunyayla ist die Çucurova die Haupteinnah-
mequelle, wichtiger sogar als ihre eigene Ernte
oder ihre Schafe und Ziegen.
    Wer sich einen Kübel, einen Korb, gegriffen
hatte, verschwand im Baumwollfeld. Sie bildeten
eine Kette; bald erfüllte Lärm und Tumult die
Ebene. Es wurde hell. Und die Tagelöhner pflück-
ten die taufrischen Kapseln. Jutesäcke, Leinen-
beutel, Körbe und Schürzen füllten sich. Je mehr
die Schlaftrunkenheit von den Pflückern abfiel,
desto hurtiger wurden ihre Hände. Wer am meisten schafft, bekommt den höchsten Lohn. Und

am meisten pflückt die schnellste Hand im besten
Feld. Dieses lag am Ufer des Ceyhan und gehörte
dem Bey Muttalip. Wohl tausend Morgen vom besten Boden der Çucurova. Jede Kapsel prall wie
eine Faust, und die Sträucher kniehoch, ja bis zum
Bauchnabel. An jedem Hunderte von Früchten.
Sie hingen wie Trauben. Dieses Jahr stand die
Baumwolle in der ganzen Ebene gut. Sogar die
Pflanzen auf den Feldern des Sohnes vom Obri-
sten. Die Dörfler würden alle ihre Schulden bezah-
len und noch was übrig haben. Ihre Füße versan-
ken in der weichen Erde. Die großen, feuchten,
aufgeplatzten Kapseln strömten von den Sträu-
chern in die Hände, von den Händen in Säcke,
Röcke und Körbe.

Vom nächtlichen Tau ist die Baumwolle naß.
Darum sammeln die Pflücker die Kapseln und
drücken sie feucht in die Säcke, noch ehe die
Sonne steigt. Später, wenn die Hitze kommt, setzen sie sich in den Schatten der Lauben oder Zelte
und zupfen die Wolle aus den Kapseln. Denn die
Blätter am Hüllkelch, besonders ihre kleinen Spit-
zen, brechen nicht, solange sie naß sind, und die
Baumwolle bleibt sauber, weiß wie Milch, flecken-
los. Pflückt man in der Hitze die schon trockenen
Kapseln, zerbröseln die Blätter und verschmutzen
die Fasern, wenn man sie aus der Kapsel zieht. Un-
reine Baumwolle aber ist nicht gefragt.

Die Dörfler sehnten das Tageslicht herbei.
Wenn die Sonne aufgeht, wird die Hitze auf sie
niedergehen und alles versengen. Die Hitze der
Çucurova ist tödlich, aber auch die Mücken sind
nachts und in der kühlen Morgendämmerung
nicht zu ertragen. In der Sonne war es jetzt wie vor

einem offenen Backofen. Mit dem Morgenrot war auch das Sirren der Mücken verstummt. Sie verschwinden, wenn es hell wird, ziehen sich in schattiges Dunkel zurück. An ihrer Stelle kommen die Fliegen. Schwarz und winzig, nicht größer als ein Stecknadelkopf. In der Hitze des Tages kommen sie zu Tausenden und setzen sich auf den Gesichtern der Pflücker fest, daß diese ganz schwarz aussehen. Sie wegwischen oder totschlagen ist vergebliche Mühe.

»Fünfzehn Jahre schon pflücke ich in dieser verfluchten Çucurova die Baumwolle, und ich habe weder so eine Hitze noch so viele Fliegen erlebt.«

»Auch nicht so viel Baumwolle, Schwester Anakiz«, murrt Memidik, den Kopf im Nacken und die Augen bei dahinsegelnden Adlern. »In Jahren reicher Baumwollernten ist es immer so heiß, gibt es immer so viele Fliegen. Durch Hitze und Regen wird die Baumwolle erst, wie sie sein soll. Sieh dir doch diese Kapsel an, Schwester: wie meine Faust. Wenn unserem Dorf jedes Jahr so ein Feld beschert wird und die Baumwolle jedes Jahr so üppig wächst, werden unsere Bauern reich. Und wir hätten keine Schulden mehr bei Adil. Schuldenfrei...«

Yasar Kemal

Altes Sammelbild

Von Natur aus verdreht

»Die Baumwollfaser ist flach, hohl und in sich ge-
krümmt. Unter dem Mikroskop erinnert sie an ein
Bein der aus ihr gefertigten Jeans: leer, breitge-
drückt, aber schon von sich aus krumm.« Was der
Publizist Hobhouse so plastisch beschreibt, sind
im technischen Sprachgebrauch die als Fasern be-
zeichneten Baumwollhaare. Botanisch gesehen
sind die Fasern »echte Haare«, die nach Ausstül-
pung und Auswachsung einzelner Zellen der äuße-
ren Samenschalenschicht 18 bis 40 Millimeter lang
werden können. Unterschieden wird zwischen
den längeren Fasern *(Lintfasern, lint)* und den kür-
zeren Fasern *(Filz* oder *Grundwolle, linters).*
   Die reife, trockene Faser besteht überwiegend
aus Zellulose (lange Ketten von Zuckermolekü-
len). Durch eine bestimmte Anordnung der Zellulose, die schichtweise in wechselnder Richtung zur
Längsachse angelagert wird, zeigt die Baumwollfaser im reifen Zustand eine charakteristische spi-
ralige Drehung. Sie trägt wesentlich dazu bei, daß
Baumwolle gesponnen werden kann, und bleibt
auch beim Wiederbefeuchten erhalten.
   Die Qualität der Fasern wird nach ihrer Länge,
die als »Stapel« bezeichnet wird, beurteilt. Man
unterscheidet kurzstapelige Baumwollsorten mit
einer Faserlänge von 18 bis 22 Millimetern, mittelstapelige Sorten (Faserlänge 20 bis 30 Millimeter)

und die qualitativ besten langstapeligen Sorten
mit einer Stapellänge von 30 bis 34 Millimetern.

Die gelben, weißen oder purpurroten Baum-
wollblüten mit fünf Blütenblättern sitzen an den
Sproßenden. Baumwollbüsche vermehren sich
durch Selbstbefruchtung. Von untergeordneter
Bedeutung ist die Bestäubung durch Insekten, die
bei dem Besuch verschiedener Blüten den Pollen,
der auf ihrem Panzer haften bleibt, einfach auf andere Blüten verteilen. Eine Bestäubung durch
Wind kommt in der Regel nicht vor.

Nach der Bestäubung entwickeln sich die
Früchte sehr schnell. Die Früchte der Baumwoll-
blüte sind Kapseln. Während sie reifen, bilden
sich die Baumwollhaare. Nach rund 20 Tagen haben die Kapseln ihre endgültige Größe erreicht,
und nach weiteren 25 bis 45 Tagen sind sie reif.
Dann springt die Kapsel auf, und die behaarten Samen quellen hervor. Träger der begehrten Baumwollhaare ist die äußere Schicht der Samenschale.

Im Pflanzenreich gehört die Baumwolle zur
Gattung *Gossypium* aus der Familie der Malvenge-
wächse. Sie ist eng verwandt mit dem Hibiscus,
der als Zierpflanze viele Vorgärten schmückt, und
aus dem sich der wohlschmeckende Hibiscustee
zubereiten läßt. Wildformen von *Gossypium* kommen in allen Sommerregengebieten der Tropen
und Subtropen vor. Sie wachsen als mehrjährige
Halbsträucher oder Sträucher. Im Anbau hinge-
gen werden überwiegend frühreife Formen benutzt, die den Entwicklungszyklus bis zur Blüte,
Fruchtbildung und Reife in einer Vegetationsperiode durchlaufen. Diese Kulturformen sind einjäh-
rig und wachsen in Form von Büschen, die, je nach

Sorte, Umweltbedingungen und Anbausystem, von sehr unterschiedlicher Größe sein können.

Baumwolle ist sehr frostempfindlich. Sie gedeiht am besten in warmen, trockenen Gebieten. Der Anbau ist zwischen dem 47. Grad nördlicher Breite und dem 28. Grad südlicher Breite möglich. Für das Wachstum der Baumwollpflanze ist die Sonneneinstrahlung entscheidend. Bei 50 Prozent und mehr Bewölkung während der Vegetationsperiode ist ein Anbau nicht mehr sinnvoll.

Von der Aussaat bis zur Kapselreife vergehen etwa 25 bis 33 Wochen. Im Wachstum entwickeln die Pflanzen frühzeitig ein starkes, tiefgründiges Wurzelsystem mit einer kräftigen Pfahlwurzel, die bei günstigen Bodenverhältnissen Tiefen bis zu drei Metern erreichen kann.

Auf allen Teilen der Pflanze und im Gewebe liegen Öldrüsen, die als dunkle Punkte für das bloße Auge sichtbar sind. Hauptbestandteil der Öldrüsen ist das für Mensch und Tier giftige Gossypol, eine Ätherisch-Öl-Komponente. Gossypol ist ein intensiv rotbraun gefärbtes Polyphenol und muß bei der Weiterverarbeitung, zum Beispiel der Samen zu Saatöl, chemisch entfernt werden. Erst dann ist das Saatöl genießbar. Ende der achtziger Jahre gelang es westafrikanischen Forschungsstationen, gossypolfreie Baumwollsorten zu züchten. In Flächenertrag und Faserqualität stehen sie ihren herkömmlichen Schwestern in nichts nach.

Insgesamt gibt es 39 Baumwollarten, aber nur vier produzieren bei der Samenbildung auch spinnbare Baumwollfasern, und von diesen vier werden lediglich zwei Arten weltweit im großen Stil angebaut: die mittelstapelige Sorte *Gossypium hirsutum* mit zirka 90 Prozent der Weltproduktion, die etwa in den USA und in sowjetischen Ländern wächst, und die langstapelige Baumwollsorte *Gossypium barbadense,* die zum Beispiel in Ägypten, in der chinesischen Region Xinjiang und in Arizona/USA angebaut wird.

Dagmar Parusel

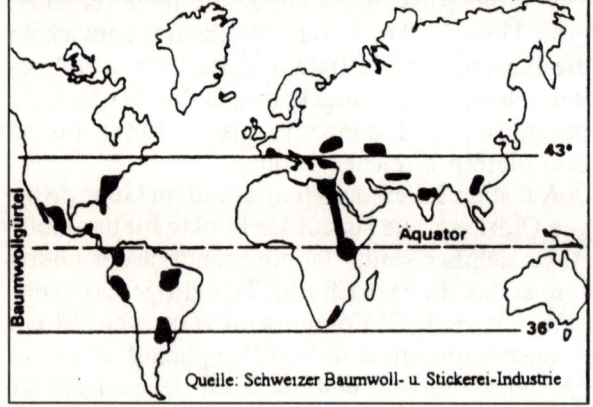

Quelle: Schweizer Baumwoll- u. Stickerei-Industrie

Kuppelprodukte

Die Saatbaumwolle, so wie sie die Bäuerin und der Bauer ernten, besteht aus Baumwollfasern und Baumwollsaatkorn. Das Saatkorn, auch Baumwollsaat genannt, besteht aus Schale und Saatkern. Die zellulose- und ligninhaltige Schale hat lediglich Heizwert.

Um die drei Rohprodukte (Fasern, Öl, Saatkuchen) aus der Rohbaumwolle zu gewinnen, sind drei Verarbeitungsgänge erforderlich:

- das Entkörnen der Rohbaumwolle (»ginning«),
- das Schälen der Baumwollsaat und
- die Ölgewinnung aus den Saatkernen.

Ein Flächenertrag von 1000 Kilogramm pro Hektar Saatbaumwolle bringt heute unter westafrikanischen Verhältnissen im Durchschnitt folgende Ausbeute:

Fasern (Rohbaumwolle)	420 kg
Saatkuchen oder Saatmehl	200 kg
Öl	100 kg
Schalen	200 kg
zurückbehaltenes Saatgut	20 kg
Verunreinigungen	40 kg

Auf einen Blick

Baumwolle

● fühlt sich aufgrund der strukturierten Faserober-
fläche angenehm weich an, ist besonders haut-
freundlich;

● gibt überschüssige Körperwärme gut an die Um-
gebung ab, da sie sehr luftdurchlässig ist und
nicht wärmeisolierend wirkt;

● nimmt bis zu einem Viertel ihres Gewichtes an
Feuchtigkeit auf, ohne sich naß anzufühlen;
selbst wenn Baumwolltextilien bis zu 65 Prozent Wasser aufgenommen haben, tropfen sie
nicht. Nachteil: Die Fasern quellen dabei auf,
das Gewebe wird luftdicht, und die Feuchtigkeit
wird nur langsam abgegeben; durchgeschwitzte
Baumwolltextilien kleben am Körper;

● besitzt von allen Naturfasern die größte Reiß-
und Scheuerfestigkeit; deshalb ist sie gut geeignet für strapazierfähige Textilien wie Arbeits-
kleidung (»Blaumann«), Gesäßpartien von Ho-
sen, Bettücher und Socken;

● knittert stark und kann beim Waschen einlau-
fen;

● ist unempfindlich gegenüber Schweiß und Lau-
gen;

● lädt sich nicht elektrostatisch auf;

● wird nicht von Motten zerfressen;

● verrottet unter Einwirkung von Licht und

Feuchtigkeit; Vorhänge, die dem Licht ausgesetzt sind, werden mit der Zeit dünner;

- neigt zu Stockflecken; ungebleichte Baumwolle ist hierfür anfälliger; Stockflecken können durch Aufbewahren der Textilien in einem trockenen Raum vermieden werden;
- ist sehr gut waschbar und kochfest (weiße Ware, helle Farben); intensiv gefärbte Textilien sind bis 60 Grad waschbar;
- kann bei Temperaturen bis zu 200 Grad gebügelt werden; dies allerdings nur kurzfristig, da die Fasern ab 160 Grad vergilben und bei zirka 250 Grad braun bis schwarz werden.

Bernhard Rosenkranz/Edda Castello

Altes Sammelbild

King Cotton

Wann, wo und wie Menschen erstmalig Baumwollpflanzen mit spinnbaren Fasern nutzten, haben
die intensiven wissenschaftlichen Forschungen
und Debatten bis heute nicht klären können.
Nachgewiesen ist lediglich, daß die Nutzung der
Baumwolle der Geschichtsschreibung weit voraus-
ging.

Die ältesten »Trophäen« der Altertumskunde
stammen aus potamischen (Fluß-)Hochkulturen,
in denen die Arbeitsteilung eine beeindruckende
Fortentwicklung der Technik, Kultur und Verwal-
tung ermöglichte. So sind Baumwollfunde aus
Peru bekannt, die auf 2500 v. Chr. datiert werden,
und im Indus-Delta, der Lebensader des heutigen
Pakistan, wurde Baumwollstoff aus 3000 v. Chr.
entdeckt. Teile einer in Mexiko gefundenen Baum-
wollkapsel sollen sogar aus der Zeit um 5800
v. Chr. stammen.

Schriftliche Überlieferungen erwähnen die Faserpflanze erst Jahrtausende später. Eine der ersten stammt von Herodot, dem aus Griechenland
stammenden »Vater der Geschichtsschreiber«, wie
Cicero ihn nannte. Als weitgereister, im 5. Jahrhundert v. Chr. lebender Exilant berichtete er:
»Die Inder besitzen einen wild wachsenden Baum,
der statt einer Frucht eine Art Wolle hervorbringt,
ähnlich der Schafwolle, aber noch feiner und besser als diese. Die Inder machen ihre Kleider dar-

aus.« Frühe Indienreisende schwärmten von Gewebe aus gesponnenen Lüften, so fein, daß sie in
der Hand kaum fühlbar seien.

Während das China des Altertums mit Seide,
Ägypten mit Flachs und Griechenland sowie Rom
mit Wolle in Verbindung gebracht werden, steht
das Indien der damaligen Zeit für Baumwolle.
Zwar vermutet man, daß der Ursprung der Baumwollpflanze in Afrika zu suchen und die Pflanze
von dort nach Indien und China gelangt ist, aber
die erste Baumwollkultur ist in Indien nachweis-
bar.

Nach Europa kam die Baumwolle über die von
dem in Weltherrschaftsgedanken verfangenen
Alexander dem Großen 325 v. Chr. bis nach Indien
geschlagenen Pfade. So gelangte die Naturfaser
zum Beispiel in das antike Rom und wurde dort
zum Luxusprodukt. Der Anbau der Baumwolle
wurde erst später durch die Araber im Mittelmeerraum heimisch. Im 8. bis 10. Jahrhundert führten
sie ihn von Persien aus in Nordafrika, Sizilien und
Südspanien ein.

Aber erst nach dem Mittelalter, mit Beginn der
neuzeitlichen Renaissance, wurde Baumwolle
zum internationalen Handelsgut. Staaten began-
nen um Handelsvorherrschaften zu kämpfen, aus
denen Venedig mit einer Dominanz der Indo-
Ägyptischen Handelsroute als vorläufiger Sieger
hervorging. Vom 14. bis zum 17. Jahrhundert war
Venedig führend im Handel mit levantinischer,
aus dem östlichen Mittelmeerraum stammender
Baumwolle. Danach waren es die Niederlande,
die Europa mit ostindischer Baumwolle versorg-
ten.

Da der Landweg gefährlich, der Seeweg aber extrem zeitaufwendig war und der Handel mit den
gefragten Gütern aus Fernost einem zunehmen-
den Konkurrenzkampf unterlag, entschlossen sich
europäische Herrschaftshäuser aus Italien und
Portugal, einen direkten Seeweg nach Indien zu
suchen.

Als Kolumbus 1492 seine Irrfahrt nach Indien in
Amerika beendete, produzierte das durch flämi-
sche Emigranten webtechnisch entwickelte, später
für die Baumwollverarbeitung bedeutende England noch ausschließlich Textilien aus Wolle.
Baumwolle wurde in England erst wichtig, als die
1599 gegründete Ostindische Kompanie (British
East India Company) in den Fernosthandel ein-
geschaltet wurde. Im Jahre 1600 erhielt sie das
Privileg auf das Monopol im Ostindienhandel,
baute ihren Handel mit Indien, Persien und China
aus und wurde zum Organisator von Britisch-
Indien.

Im 18. Jahrhundert wurde Baumwolle in England zu einem so starken Konkurrenten des Woll-
gewerbes, daß massive Schutzmaßnahmen durch-
gesetzt wurden. An den Patriotismus appellie-
rend, gelang es der britischen Wollindustrie, eine
Beschränkung der Baumwollimporte durchzuset-
zen. Auf ihre Forderung hin durften Tote nur in
wollenen Gewändern bestattet werden. Diese
Ächtung der Baumwolle war jedoch nur von kur-
zer Dauer. In der aufstrebenden Textilindustrie
wurde die Pflanzenfaser zum Treibriemen der be-
ginnenden industriellen Revolution.

Während England im Jahr 1700 erst 1,5 Millionen Pfund Baumwolle importierte, waren es nach

der Erfindung der mechanischen Spinnmaschine
(»Spinning Jenny«, 1767) im Jahre 1780 bereits 6,8
Millionen Pfund, die in England verarbeitet wurden. Mit Erfindung der Baumwollentkörnungsma-
schine im Jahre 1793 stiegen die Importe weiter.
Da jetzt schneller größere Mengen an Fasern verarbeitet werden konnten, wuchs auch der Bedarf
an Baumwollanbaufläche.

Die Arbeitsbedingungen sowohl in den europäischen Textilzentren wie auch in den überseeischen Anbauregionen waren katastrophal – etwa
in den USA, wo die Ausweitung der Sklaverei na-
hezu parallel lief mit der Ausweitung des Baumwollanbaus auf dafür geeigneten Flächen. Und
nicht nur dort, auch in anderen Ländern erfolgte
durch die Befriedigung der Nachfrage nach Baumwolle eine raumgreifende Umgestaltung ganzer
Regionen, zum Beispiel im afrikanischen Sudan,
wo die Engländer zur Sicherstellung von Faser-
nachschub für die eigene Industrie den Aufbau
eines Bewässerungssystems initiierten.

Nachdem britische und ägyptische Truppen
kurz vor Ende des 19. Jahrhunderts im Sudan die
Herrschaft des Mahdi Mohamed Ahmed beseitigt
hatten, unterstand das Land der britischen Koloni-
alverwaltung. Schon bald nach der Unterwerfung
überlegten die Kolonialherren, wie das rohstoff-
arme Gebiet zu den Verwaltungskosten beitragen
könnte. Viel Phantasie, logistische und ökonomische Überlegungen mußten die Engländer nicht
aufbringen, um der Idee zu verfallen, einen der
fruchtbarsten Landstriche des Sudan für den
Baumwollanbau aufzurüsten. Es bedurfte lediglich der Kombination zweier Traditionen.

Die Gezira war im damaligen Sudan traditionelles Zentrum der Baumwollproduktion, und die Engländer waren der Pflanze inzwischen eng verbunden: Mitte des 19. Jahrhunderts wurde in England mehr als die Hälfte der Weltbaumwollernte verarbeitet. Als die Lancashire-Textilindustrie, auf extra langfaserige Baumwolle spezialisiert, unter akuter Rohstoffknappheit zu leiden begann, wurden in der Gezira Bewässerungskanäle gebaut. Nach Fertigstellung eines Dammes im Blauen Nil 1925 konnte der Baumwollanbau exklusiv für den Export zur Versorgung der englischen Textilfabriken beginnen.

Heute steht die Gezira als weltweit größtes Bewässerungsprojekt im Zeichen der Superlative landwirtschaftlicher Exportkulturen in Ländern der Dritten Welt. Ein schachbrettartiges Netz von Bewässerungskanälen durchzieht das gesamte Gebiet, in dem schlecht bezahlte Bauern- und Wanderarbeiterfamilien ihr Dasein fristen.

Wie der Sudan, so konnten all jene Länder des Südens, deren Wirtschaft im 20. Jahrhundert massiv auf die Produktion des Rohstoffes Baumwolle ausgerichtet wurde, von der langen Entwicklungsgeschichte des Baumwollanbaus und der Baumwollverarbeitung kaum profitieren.

Carina Weber

Auf dieser Fahrt (in Kamerun; d. Red.) saß ich einem Landwirtschaftsexperten gegenüber, der zur Ableistung der zweiten Hälfte seiner Entwicklungsdienstzeit unterwegs in den Norden war. Er war, wie er mir enthüllte, verantwortlich für ein Projekt, bei dem es um den Anbau von Baumwolle für den Export ging. Der Verkauf der Baumwolle ist ein Regierungsmonopol und bringt dringend benötigte Devisen; deshalb genießt die Baumwollproduktion eine massive staatliche Förderung. War er denn erfolgreich gewesen? Und wie! Tatsächlich hatten sich die Leute so sehr dem Anbau von Baumwolle verschrieben, daß sie keine Nahrung mehr angepflanzt hatten. Daraufhin waren die Lebensmittelpreise steil in die Höhe geschnellt, und eine drohende Hungersnot hatte nur dank des Eingreifens kirchlicher Hilfsorganisationen vermieden werden können. Merkwürdigerweise schien ihm dieses Ergebnis ganz und gar nichts auszumachen. Es galt wohl vielmehr als ein Beweis dafür, daß die Baumwolle sich durchgeseetzt hatte.

Nigel Barley, Ethnologe

»Das ist Diebstahl!«

»In diesem Jahr waren die Regenfälle in Tansania ziemlich gut. Im Vergleich zum letzten Jahr haben die Bauern in unseren wichtigsten Baumwollanbaugebieten ihre Ernte mehr als verdoppelt. Wir haben unglaublich wenig Devisen, um wichtige Importe zu finanzieren, und Baumwolle ist eines unserer wichtigsten Exportgüter; deshalb waren wir erfreut über diese hohe Produktionssteigerung. Aber im Juli dieses Jahres fiel der Preis für Baumwolle innerhalb nur eines Tages von 68 Cents pro Pfund auf 34 Cents pro Pfund. Die Auswirkungen auf unsere Wirtschaft – und die Einkommen unserer Bauern – sind mit einer Naturkatastrophe vergleichbar. Die Hälfte unserer Ernte, und damit auch unserer Einnahmen, ist verloren. Unsere Bauern und unsere Nation haben sich angestrengt, aber das Land verdient nicht einen einzigen Cent mehr an Devisen. Das ist Diebstahl!«

Julius Nyerere,
Präsident von Tansania, 1986

Anschaulich beschreibt der tansanische Präsident Nyerere 1986 die ökonomische Falle, in die von der Baumwolle abhängige Bauern und selbst ganze Staaten geraten können. Solche Abhängigkeiten sind vor allem das Schicksal von wenig industrialisierten Ländern, deren Export stark auf ein Agrarprodukt ausgerichtet ist. Bereits ein kur-

zer Blick auf den Baumwollweltmarkt und die Entwicklung der Weltmarktpreise für Baumwolle
zeigt, daß die Aussage von Nyerere auch ein Jahrzehnt später nicht an Aktualität verloren hat.

Die globale Anbaufläche von Baumwolle um-
faßt derzeit rund 33 Millionen Hektar – etwa 4 bis
4,5 Prozent der Weltgetreidefläche, ein Gebiet von
der Größe des wiedervereinigten Deutschlands.
Auf dieser Fläche werden jährlich insgesamt rund
20 Millionen Tonnen Baumwolle angebaut.

Obwohl sich die Weltbaumwollerzeugung seit
Mitte der dreißiger Jahre verdreifacht hat, ist die
Anbaufläche weitgehend konstant geblieben.
Während vor 60 Jahren auf einem Hektar durch-
schnittlich 200 Kilogramm Baumwollfasern er-
zeugt wurden, sind es heute fast 600 Kilogramm.

Diese Ertragssteigerung vollzog sich in den verschiedenen Anbauregionen jedoch sehr unterschiedlich. Während in Israel, dem Land mit dem
höchsten Flächenertrag, im Landesdurchschnitt
1 697 Kilogramm Baumwolle pro Hektar geerntet
werden, sind es in Uganda, dem Land mit dem geringsten Ertrag pro Hektar, nur 56 Kilogramm.

Die Höhe des Ertrages ist von verschiedenen
Faktoren abhängig – von der Bodenqualität, der
Menge der Niederschläge, der Möglichkeit einer
künstlichen Bewässerung in trockenen Gebieten,
der Art und Menge der Düngung oder der angebauten Baumwollsorten.

Ebenso unterschiedlich wie der Ertrag pro
Hektar ist das Arbeitsergebnis der eingesetzten
menschlichen Arbeitskraft. In den USA und Australien, wo die Handarbeit sehr stark durch Maschinen ersetzt wurde, Unkräuter mit Pestiziden

Baumwollproduktion 1993

(in 1000 Tonnen)

Welt	16 806
— China	3 739
— USA	3 516
— Indien	2 050
— Usbekistan	1 376
— Pakistan	1 312
— Türkei	580
— Ägypten	416
— Brasilien	405
— Turkmenistan	403
— Australien	373
— Syrien	230
— Tadschikistan	174
— Paraguay	168
— Mali	135
— Iran	114
— Elfenbeinküste	111
— Aserbaidschan	111
— Nigeria	110
— Benin	68
— Burkina Faso	64
— Tansania	56
— Tschad	33
— Sudan	33
— Spanien	32
— Israel	27
— Mosambik	13

Quelle: FAO

weggespritzt werden und die Ernte maschinell erfolgt, werden – statistisch betrachtet – unter Einsatz einer Stunde Arbeit 50 Kilogramm Rohbaumwolle erzeugt. Im westafrikanischen Trockenfeld-
bau ist das Resultat einer Arbeitskraftstunde
111mal niedriger: 0,45 Kilogramm Rohbaumwolle.
Und im bewässerten Anbau des Sudans, Ägyp-
tens, Indiens und Pakistans, wo die Bewässerung
zusätzliche Arbeitskraft erfordert, werden mit
einer Arbeitskraftstunde nur 0,3 Kilogramm Rohbaumwolle produziert.

70 Länder sind an der Weltbaumwollproduktion
beteiligt. Die wichtigsten Produzentenländer waren im Baumwolljahr 1993/94 China (3,7 Millionen Tonnen), die USA (3,5 Millionen Tonnen), Indien (2,1 Millionen Tonnen), Pakistan und Usbekistan (jeweils rund 1,3 Millionen Tonnen). In diesen fünf Ländern wird mehr als die Hälfte der weltweit produzierten Baumwolle angebaut.

In einigen der restlichen 65 Länder, in denen
Baumwolle wächst, spielt die Faserpflanze nur
eine sehr geringe Rolle, in anderen ist der Außen-
handel bedeutend, in manchen Fällen sogar extrem von der Baumwolle abhängig – zum Beispiel
(Zahlen für die Jahre 1989–1992) im Tschad (80
Prozent), in Usbekistan (78 Prozent), Benin (60
Prozent), Burkina Faso (57 Prozent), Sudan (47
Prozent), Mali (29 Prozent), Tansania (23 Prozent), Nicaragua (11 Prozent) und in der Zentral-
afrikanischen Republik (9 Prozent). Fast alle diese
Staaten werden von der Weltbank als »Länder mit
niedrigem Einkommen« bezeichnet. Lediglich Usbekistan ist (vorläufig) in die untere Einkommens-
kategorie der Rubrik »Land mit mittlerem Ein-

kommen« eingestuft. Von den genannten Ländern sind der Sudan, Mali, Tansania und Nicaragua gravierend verschuldet.

Vom Baumwollanbau stark geprägte Staaten sind in einem System der Abhängigkeit gefangen. Sie bauen das Agrarprodukt für den Export an, um Devisen zu erwirtschaften, mit denen sie Güter importieren können, die sie selbst nicht herstellen (können). Fällt der Preis für Baumwolle, muß mehr produziert werden, um einen Einkommensrückgang zu vermeiden. Ist dies nicht möglich, bedeutet es einen Rückgang der Kaufkraft, der sowohl die Gesamtwirtschaft betrifft wie auch die einzelnen Menschen. So hatten Bauernfamilien bei einem starken Preisverfall immer wieder größte Mühe, das Existenzminimum zu erwirtschaften. Es kam zwar immer wieder zu einem Preisanstieg, doch die Tendenz auf dem Weltmarkt war in den vergangenen Jahrzehnten eindeutig: Im Zeitraum von 1950/51 bis 1990/91 ist der Preis für Baumwolle inflationsbereinigt um 78 Prozent gefallen.

Hauptsächlich von der Landwirtschaft abhängige Staaten haben allerdings kaum eine hoffnungsvolle Alternative zum Baumwollanbau, denn mit dem Anbau anderer, für den Export bestimmter Agrarprodukte sind meist die gleichen Probleme verbunden.

Ein Preisverfall der Baumwolle betrifft Millionen von Menschen. Schätzungen zufolge existieren im Baumwollanbau weltweit rund 13 Millionen Arbeitsplätze – nur 0,1 Millionen davon in den Industrieländern. Wichtige Gründe hierfür sind, daß die Baumwolle nur in subtropischen und tro-

pischen Klimaten wächst, daß Arbeitsplätze im
Baumwollanbau der Industrieländer durch Maschinen und die »Chemische Sense« ersetzt wurden und daß die Lohnkosten in Entwicklungsländern deutlich niedriger liegen.

Die Löhne in Afrika betragen oft nicht einmal
50 Pfennig pro Arbeitsstunde, in Pakistan und Indien liegen sie sogar eher bei 10 bis 15 Pfennig.
Von unerträglichen Arbeitsbedingungen sind besonders die Saison- und Wanderarbeiter im groß-
flächigen Bewässerungsfeldbau betroffen, die
nach der Ernte wieder in die Einkommenslosig-
keit entlassen werden. Maßnahmen zur Linde-
rung dieser sozialen Härten existieren nicht.

In einer solchen Situation wird verständlich,
daß Kinderarbeit für die betroffenen Familien solange unvermeidbar ist, wie sich an den Einkom-
mensverhältnissen der Erwachsenen nichts än-
dert, auch wenn dadurch die Zukunftschancen der
Kinder im Keim erstickt werden. Die Enquête-
Kommission des Deutschen Bundestages »Schutz
des Menschen und der Umwelt« stellte 1994 fest:
»Extrem schlechte Arbeitsbedingungen und Kinderarbeit sind sowohl bei der Primärproduktion
von Naturfasern als auch bei der Konfektionie-
rung anzutreffen. Dies ist vor allem unter huma-
nen Aspekten zu beklagen, bedenkt man allein
die Konsequenzen der Kinderarbeit, die den Weg
einer ausreichenden schulischen Bildung und damit einer verbesserten beruflichen Qualifikation
ein für allemal versperrt.«

Nun mag es langfristig tatsächlich eine Chance
sein, daß die Entwicklungsländer im Bereich
Baumwolle seit kurzem von Netto-Exporteuren

zu Netto-Importeuren wurden, heute also mehr Baumwolle importieren als exportieren. Nach Ansicht der Ernährungs- und Landwirtschaftsorganisation der Vereinten Nationen (FAO) ist dies positiv zu werten, da dieser Trend ein Wachstum der exportorientierten Textilindustrie anzeige. Hintergrund dieser Einschätzung der FAO ist, daß die Preise für Agrarprodukte auf den internationalen Märkten bereits seit einem Jahrzehnt fallen, während die der verarbeiteten Produkte eine steigende Tendenz aufweisen. Gegen verarbeitete Produkte können demnach mehr Güter eingetauscht werden als gegen Agrarrohstoffe.

Für das Schicksal einzelner Menschen in Entwicklungs- und Schwellenländern bedeutet der Wechsel vom Baumwollanbau in die Baumwollverarbeitung jedoch nicht zwingend eine Verbesserung der Lebenssituation. Im Textilsektor sind die Arbeitsbedingungen ähnlich unerträglich wie im Baumwollanbau. Für manche Länder ist der Aufbau einer Textilwirtschaft als traditioneller Einstieg in die »Industrielle Revolution« sogar nur eine theoretische Möglichkeit – etwa bei schwarzafrikanischen Baumwollanbauländern. Ihnen eröffnet der Aufbau einer Wirtschaft zur Verarbeitung von Baumwolle keine Entwicklungsalternative. Sie sind dem starken internationalen Konkurrenzkampf im Textilsektor nicht gewachsen, und deshalb wird es ihnen kaum gelingen, aus eigener Kraft weder im Anbau noch in der Verarbeitung der Baumwolle in absehbarer Zeit soviel Einkommen zu erwirtschaften, daß sich ein Ausweg aus der Armutsfalle eröffnet.

Hoffnungsvolle Ansätze sind vor allem in zwei Bereichen zu sehen:

● in der Weiterentwicklung der Welthandelsordnung durch verbesserte Regelungen in den Bereichen Handel und soziale Standards, Handel und Umwelt sowie Handel und Wettbewerbsrecht;

● in der Förderung von Projekten, die außerhalb des Weltmarktes angesiedelt sind.

Derartige Projekte, wie sie in diesem Buch vorgestellt werden, sind zwar noch sehr selten – sie zeigen jedoch, daß es möglich ist, durch eine direkte Kooperation zwischen Baumwollbauern, Baumwollverarbeitern und Textilvertreibern ökologisch verträglichere und fairere Produktionsbedingungen zu schaffen.

Carina Weber

Lesetip:

Zum Beispiel Welthandel. Lamuv-Taschenbuch 179 (Süd-Nord)

Bremen – USA:
Das goldene Zeitalter

Als sich 1779 die englischen Kolonien in Nordamerika zu freien und von Großbritannien unabhängigen Staaten erklärten, wurden diese aufregenden Nachrichten aus der neuen Welt ganz besonders aufmerksam in Bremen verfolgt. Denn die Bremer Kaufleute witterten eine großartige Chance. Sie ahnten, daß der Unabhängigkeitskrieg der USA gegen England mehr war als einer der vielen üblichen Kriege in den Kolonien Europas. Die Kaufleute hatten den richtigen Riecher: Die Loslösung der Siedler, Pflanzer und Farmer an der Ostküste Nordamerikas vom Empire erschütterte das gesamte damalige Weltwirtschaftssystem.

Die Cromwellsche Navigationsakte von 1651 hatte bis dahin die Kolonien exklusiv für die jeweilige Kolonialmacht reserviert. So war es der französischen Krone nicht möglich, direkten Handel mit den englischen Kolonien zu führen, und der niederländischen Ostindien-Companie verboten, mit französischen Gebieten zu handeln und so weiter.

Die Bremer und Hamburger Kaufleute, die keine Kolonien »besaßen«, gingen ganz leer aus. In Bremen träumte man den vergangenen stolzen Zeiten der Hanse nach, in denen die Stadt noch eine internationale Wirtschaftsmacht dargestellt hatte, aber die wirtschaftliche Entwicklung stagnierte, und gemessen am Verkehr in Liverpool,

Antwerpen oder Bordeaux war der Hafen in Bremen fast schon ein romantisch-verschlafener Pro-
vinzplatz. Zwar waren Bremer Kaufleute im Mittelmeerraum, in der Ostsee, vor Bordeaux und im
Ärmelkanal präsent – aber das ganz große Geschäft mit der »Neuen Welt« war ihnen verschlos-
sen. Die kostbaren Rohstoffe, Edelmetalle, Ge-
würze und landwirtschaftlichen Produkte aus
Amerika, von der afrikanischen Küste und aus
»Hinterindien« gelangten nur »aus zweiter Hand«
in bremische Packhäuser.

Während der Osten der USA von den Anfängen
der europäischen Industrialisierung profitierte,
entwickelte sich der Süden zu einem agroindu-
striellen Zentrum ohne Beispiel. Baumwolle und
Tabak wurden zum Gold und Öl der USA. Und
um diese Exportgüter in diesem Ausmaß überhaupt produzieren zu können, wurde das schon in-
ternational fast aufgegebene Sklavenhaltersystem
auf den übergroßen Plantagen der jungen, demo-
kratischen Republik im wahrsten Sinne des Wor-
tes flächendeckend ausgebreitet. In einem der
Hauptanbaugebiete für Baumwolle beispielsweise
in Brazoria/Texas waren 1847 von 4 641 Einwoh-
nern 3 013 schwarze Sklaven. Die Sklaverei in den
Südstaaten erlebte mit der Unabhängigkeit der
USA einen beispiellosen Aufschwung.

Die Bremer Kaufleute verfolgten sehr genau die
Ereignisse in den USA. Und als das britische Empire die Unabhängigkeit der ehemaligen Kolonie
gezwungenermaßen anerkannte, jubelten sie:
Erstmals war der Weg auf die überseeischen Märk-
te frei. Eine neue Epoche begann. Und nicht nur
in Bremen. Der Vorsitzende der Hamburger Com-

merz-Deputation frohlockte 1822: »Alle die seit
Jahrhunderten uns verschlossenen, fast verborgen
gewesenen Länder und Weltteile sind uns offen
geworden, und wir können auch sagen: Hamburg
hat Kolonien erhalten.« Die Gazetten und Zeitun-
gen veröffentlichten Korrespondentenberichte
aus den USA, die Senatoren sahen »die Morgen-
röte einer glanzvollen Epoche von Handel und
Schiffahrt«, und in Bremen sprach man schlicht
vom »Goldenen Zeitalter«.

Doch anders als die Konquistadoren nach 1492
kamen die Bremer nicht mit dem Schwert. Sie
agierten höflich und behielten immer die Conte-
nance. Rücksichtslos waren sie nur in einem
Punkt: bei der Durchsetzung des »freien Welthan-
dels«, und mit Freiheit war die radikale und konse-
quente Durchsetzung der offenen Konkurrenz
und freier Zugang zu allen Märkten gemeint. »Wir
haben inzwischen gelernt«, konnte das Bremer
Handelsblatt wenige Jahre später resümieren,
»auf eine ganz andere Weise zu kolonisieren. Unsere jungen Kaufleute gehen in alle Welt als Pio-
niere der deutschen Industrie – die mercantilen
Kolonien in den Handelsplätzen von Amerika,
Asien und Australien sind die wahren Kolonien
der Zeit.« Sie wurden Handelskonquistadoren.

1827 wurde dann ein »Freundschafts-, Handels-
und Schiffahrtsvertrag« ausgehandelt, der rich-
tungweisend wurde. Er enthielt alle Grundkompo-
nenten des Freihandels und wurde wegen seines
Nutzens für den deutschen Handel sogar von der
preußischen Regierung übernommen.

Für Bremen wurde die USA über Jahrzehnte
der wichtigste Handelspartner überhaupt, Reich-

tum der Stadt und Entstehen der Werften ab 1860
wären ohne den US-Handel nicht denkbar gewesen. Für Baumwolle bestand in Europa ein schier
unersättlicher Bedarf. Baumwolle wurde der wichtigste Rohstoff für die Textilindustrie, die der Mo-
tor der industriellen Revolution war. Ab 1850
wurde Bremen der wichtigste Baumwollimporteur
für das europäische Festland. Die Bremer Kaufleute wurden Vorreiter: Sie führten verbindliche
Qualitätskategorien ein; sie gründeten eine eigene
Börse, um ihre Geschäfte zu harmonisieren; sie
schufen einen modernen Umschlag im Hafen, wo
eine Lagergesellschaft die Ware zentral für alle la-
gerte und so immense Kosten sparte.

Lutz Liffers

Die Gewinne
der Spekulanten

Spekulieren heißt, auf einen Gewinn zu hoffen, und das sieht so aus: Der einzelne Rohstoff, Baumwolle zum Beispiel, wird nicht direkt von der Baumwollplantage an die Textilfabrik verkauft. Vielmehr erwerben Zwischenhändler die Baumwolle in riesigen Mengen und verkaufen sie an andere Händler weiter. Jeder hofft natürlich, daß er bei seinen Geschäften einen Gewinn macht. Der Ort, wo Käufer und Verkäufer sich treffen und ihre Geschäfte abschließen, ist die Rohstoffbörse.

Im Geschäftsleben ist der Weg über Zwischenhändler nichts Ungewöhnliches. Egal ob Auto, Apfel oder Anzug, die meisten Produkte werden nicht direkt vom Erzeuger an den Ladeninhaber oder den Verbraucher verkauft, sondern nehmen ihren Weg über den Groß- und Zwischenhandel. Das hat für alle Beteiligten Vorteile: Die Textilfabrik muß nicht einzelne Anzüge an den Ladenbesitzer verkaufen, sondern kann gleich 500 Stück an den Zwischenhändler liefern. Und der Ladenbesitzer muß wegen der fünf oder zehn Anzüge, die er haben will, nicht extra zur Fabrik fahren. Bei den Rohstoffen ist es nicht viel anders, nur daß es da nicht um fünf, zehn oder 500 Stück geht, sondern um 100 000 Tonnen oder mehr. Es geht also auch um sehr viel mehr Geld.

Geschäftsleute, in unserem Fall die Rohstoffspekulanten, haben sich ein Verfahren ausgedacht, das ihnen besonders viel Geld einbringen kann, das »Warentermingeschäft«. Es ist eine der Ursachen dafür, daß die Rohstoffpreise so stark schwanken.

So geht das Geschäft vor sich: Ein Spekulant kauft zum Beispiel 10 000 Tonnen Baumwolle. Diese Baumwolle ist aber noch gar nicht gepflückt, sondern hängt noch irgendwo, etwa in einer afrikanischen Plantage, am Strauch. Der Spekulant kauft an der Rohstoffbörse statt der Ware eine Art Gutschein, die sogenannte Option. Zusammen mit dem Kauf der Option wird vereinbart, wann die Baumwolle geliefert werden soll. Der Vertrag wird meist für drei oder sechs Monate abgeschlossen.

Der Spekulant zahlt nicht den vollen Preis für die Baumwolle, sondern zehn Prozent, die Optionsgebühr. Das restliche Geld muß erst bei Lieferung bezahlt werden. Wenn jetzt der Baumwollpreis zu steigen beginnt, verkauft der Spekulant seine Option vielleicht schon nach zwei Monaten mit Gewinn weiter. Das sieht dann zum Beispiel so aus: Der Spekulant kauft für 500 000 Mark Baumwolle beziehungsweise eine Baumwolloption. Die Optionsgebühr beträgt zehn Prozent vom Gesamtwert der Ware, also 50 000 Mark. Nach zwei Monaten beträgt der Wert der Baumwolle 550 000 Mark. Daraufhin verkauft der Spekulant seine Option und damit seine Rechte auf Baumwolle im Wert von 550 000 Mark. Der Käufer zahlt dem Spekulanten die Optionsgebühr und die Preissteigerung, in diesem Fall 100 000 Mark, und erwirbt damit die Rechte auf Baumwolle im Wert von 550 000 Mark.

Das heißt: Mit den 50 000 Mark, die der Spekulant eingesetzt hat, macht er einen Gewinn von 50 000 Mark. Sein Geld hat sich also verdoppelt. Hätte der Spekulant sein Geld statt dessen auf ein Sparkonto gelegt, wäre sein Gewinn nach zwei Monaten vielleicht 500 oder 600 Mark.

Wer sich mit solchen Geschäften auskennt, kann also schnell sehr viel Geld verdienen. Wenn das erhoffte Geschäft allerdings nicht zustande kommt, hat der Spekulant einen Verlust gemacht, in diesem Beispiel allerhöchstens die Optionsgebühr. Bei Währungsspekulationen kann der Gewinn oder Verlust wegen der Kursschwankungen jedoch noch viel höher ausfallen.

Gewinne machen nicht nur die Spekulanten, sondern auch die Händler. Die Bauern und Bäuerinnen müssen für das wenige Geld, das sie erhalten, auch Investitionen leisten, etwa Maschinen kaufen. Da diese aber vornehmlich in den Industrienationen hergestellt werden, zahlen sie sehr hohe Preise dafür, was ihr Einkommen weiter schmälert. In solchen Fällen findet die Wertschöpfung in den Industrienationen statt.

Barbara Veit / Hans-Otto Wiebus

Baumwollertrag in ausgewählten Ländern 1993

(in Kilogramm pro Hektar)

Israel	1 697
Australien	1 266
Ägypten	1 107
Syrien	1 084
Türkei	1 039
Spanien	998
Usbekistan	776
China	750
USA	679
Nicaragua	622
Benin	563
Mali	500
Pakistan	468
Sudan	390
Burkina Faso	308
Indien	286
Tschad	231
Mosambik	195
Angola	193
Indonesien	162
Vietnam	160
Tansania	147
Nigeria	145
Kenia	109
Uganda	56

Quelle: FAO

Mit Schnuller bei der Arbeit

Natur hat Konjunktur – vielleicht nicht bei der großen Masse der Kaufhauskunden, wohl aber im ex-
pandierenden Öko-Markt. Die zahlungskräftigen
Kunden verlangen aber nicht nur Naturschutz
durch garantiert pestizidfreien Anbau, sondern
auch Qualität: Garantiert handgepflückt soll die
Baumwolle beispielsweise sein.

Handgepflückt? Den Preis dafür zahlen meist
nicht die Kunden, sondern miserabel entlohnte
Pflückerinnen und Pflücker. Oft sind es Kinder,
wie der sechsjährige Dionner Moura aus dem brasilianischen Bundesstaat São Paulo. Von seinen
Freunden wird er wegen seines Arbeitseifers re-
spektvoll »Meister der Baumwollernte« genannt.
»Er pflückt bis zu 40 Kilo am Tag«, lobt die Mutter.
Das bringt der Familie umgerechnet drei Mark.
Doch für drei Mark kann man sich auch in Brasilien nicht viel kaufen. Gemüse kennt Dionner
kaum. Das macht ihn anfällig für Krankheiten.

In nur vier Gemeinden entdeckte die Tageszeitung »Folha de São Paulo« 4 000 Minderjährige
auf Baumwollfeldern. Etwa jeder siebte Erntear-
beiter, schätzte ein Bürgermeister, ist unter 14
Jahre alt.

Ein Landarbeiter holt zwischen fünf und sechs
Mark am Tag herein. Da müssen Kinder mithel-
fen. Joseli nuckelt noch immer am Schnuller. Der
Sechsjährige habe sich noch nicht an die Arbeit ge-

wöhnt, meint die Mutter. »Manchmal verschwindet er zwischen den Baumwollsträuchern und kommt erst spät zurück. Aber wir können ihn nicht suchen. Sonst würden wir kein Geld verdienen.« Die siebenjährige Adriana verdient den Lebensunterhalt für ihre 76jährige Großmutter gleich mit, seitdem ihre eigenen Eltern sie verlassen haben.

Auch wenn das Gros der Kinderarbeiter älter ist, sind Dionner, Joseli oder Adriana keine Ausnahmen. Von ihren schmerzenden Rücken profitieren die Besitzer der Baumwollfelder, die Industrie und vielleicht die Endverbraucher. Und auch wenn auf den Exportplantagen selbst keine Kinder schuften, müssen die Arbeiterfamilien wegen der niedrigen Löhne ihren Nachwuchs oft woandershin zum Geld verdienen schicken. Die Konkurrenz ist hart, und in Zeiten der Rezession wird auch in Europa an der Kleidung gespart.

Brasilien steht an siebter Stelle der baumwollproduzierenden Staaten der Erde. Ein Teil der Baumwolle oder verarbeiteten Stoffe geht in die Europäische Union. Etwa nach Portugal: Dort werden sie von schlecht bezahlten Arbeitskräften – darunter Kinder – in Kleinfabriken zu billigen T-Shirts oder Hemden verarbeitet, die auch in deutsche Läden gelangen.

Dritte-Welt-Haus Bielefeld

Die Baumwollkatastrophe

Der Tschad gehört zu den afrikanischen Ländern, die in hohem Maße vom Baumwollexport abhängig sind. Sinkende Weltmarktpreise, fast 20 Jahre Bürgerkrieg und Mißwirtschaft haben jedoch dazu geführt, daß der tschadische Staat, der die ersten Jahrzehnte nach der Kolonialzeit vom Baumwollanbau profitierte, heute kaum mehr an ihm verdienen kann.

Die Bauern selbst haben noch nie am Baumwollanbau verdient, und Frankreich, der ehemals große Nutznießer dieses Wirtschaftszweiges, hat inzwischen das zweifelhafte Vergnügen, die steigenden Defizite der Monopolgesellschaft Cotontschad durch Subventionen auszugleichen, um den völligen Zusammenbruch der Baumwollgesellschaft hinauszuzögern.

Aber nicht nur gesamtwirtschaftlich und unternehmerisch hat sich hier eine Katastrophe entwikkelt, auch ökologisch und sozial ist bereits der absolute Tiefpunkt erreicht. Seit Jahren sinken die Erträge, da die Bodenfruchtbarkeit in den Anbaugebieten im südlichen Tschad stark abgenommen hat. Die Baumwollregionen des Landes sind außerdem von einem starken Bevölkerungswachstum gekennzeichnet – stellenweise leben über 100 Menschen pro Quadratkilometer.

Das zwingt die Bauern, von der traditionellen Landwirtschaft abzugehen. Die Intensivierung

des Anbaus besteht jedoch zur Zeit lediglich darin,
die traditionelle Brache einfach wegzulassen und
ansonsten den Boden ohne jegliche Düngungs-
und Humuswirtschaft zu bebauen. Dies gilt für
den Anbau sämtlicher Früchte für den Eigenbedarf. Nur im Baumwollanbau werden Kunstdünger und Pestizide eingesetzt, die nach Vorgaben
der Cotontschad und der hierfür zuständigen staatlichen Organisationen in den Dörfern auf Kredit
verteilt und eingesetzt werden.

Für den Baumwollanbau bedeutet der Mangel
an Humuswirtschaft und organischer Düngung,
daß der Bedarf an Kunstdünger und Pestiziden
steil ansteigt, wenn überhaupt noch Erträge erzielt werden sollen. Dabei nimmt die Wirksamkeit
dieser Maßnahmen stark ab, da die organische
Substanz im Boden inzwischen fast vollständig
fehlt und damit die Bodenstruktur und das Boden-
leben zerstört werden. Außerdem sind die Preise
für die Importgüter Pestizide und Düngemittel in
den letzten Jahren stark angestiegen. Die Situation hat inzwischen groteske Formen angenom-
men, denn die Kosten der Inputs für die Baumwollproduktion übersteigen im Durchschnitt die
erzielbaren Preise bereits bei weitem. Nur noch
das Wirtschaften von der Substanz und Subventionen aus dem Ausland halten die Baumwollwirtschaft im Tschad am Leben.

All das hat dazu geführt, daß viele Bauern ver-
stärkt dazu übergegangen sind, Baumwolle auf
sogenannte »traditionelle« Art anzubauen. Dies
bedeutet zwar einen Rückgang des Düngemittel-
und Pestizidverbrauchs und damit der Input-
Kosten und Vergiftungen, jedoch führt es nicht

zum Rückgang der ökonomischen und ökologischen Probleme.

Für eine überlieferte, aber nicht mehr funktionierende Brachewirtschaft bedeutet nämlich der traditionelle Anbau, zumindest im Süden des Tschad, eine Landwirtschaft ohne Inputs in den Boden zu betreiben. Gibt es zudem keine angepaßte Fruchtfolge, verliert der Boden jedes Ertragspotential.

Zu jenen Zeiten, als es noch keinen Mangel an Boden gab, mag diese Art der Bewirtschaftung funktioniert haben, denn die Bodenfruchtbarkeit konnte sich unter einer mehr als zehn Jahre dauernden Brache immer wieder aufbauen. Heute mündet diese Wirtschaftsweise in eine ökologische und soziale Katastrophe.

Sollen also die tschadischen Bauern auf den Baumwollanbau besser ganz verzichten und die wertvollen Flächen wieder für die Subsistenzwirtschaft, das heißt für den lokalen Eigenbedarf einsetzen? Aus Sicht der Bauern ist dies keine Alternative, denn Baumwolle ist momentan neben Erdnüssen die einzige Kultur, mit der sie ein wenig Bargeld in die Hand bekommen. Ein weiteres Argument für die Beibehaltung anderer Kulturen als nur Sorghum, Hirse und Maniok – den typischen Subsistenzkulturen – ist die Notwendigkeit einer Fruchtfolge, um den heute bereits hohen Getreideanteil zu senken, der zur explosionsartigen Ausbreitung von Unkräutern geführt hat.

Vorstellungen über die Hintergründe des bäuerlichen Handelns erhält man auch dann, wenn man sich die Geschichte des Baumwollanbaus vor Augen führt. In der Kolonialzeit, in der die Franzo-

sen die Dorfchefs dazu brachten, dafür zu sorgen,
daß jeweils eine bestimmte Fläche mit Baumwolle
kultiviert wurde, setzte man den Baumwollanbau
sogar unter Gewaltanwendung durch, und die
Bauern wurden gezwungen, allein zum Nutzen
der Franzosen, Baumwolle zusätzlich zu ihrem
Eigenbedarf an Nahrungsmittelkulturen anzubauen. Das war für die Bauern häufig ein großes
arbeitswirtschaftliches Problem, denn die einfa-
che Hack-Technologie nahm soviel Zeit in Anspruch, daß sie einen Teil ihrer lebensnotwendi-
gen Hirseproduktion einstellen mußten, wenn sie
die Baumwolle bewältigen wollten. Eine Beklei-
dungskultur, für die der Anbau und die Verarbeitung von Baumwolle für die Bevölkerung sinnvoll
gewesen wäre, gab es nicht. Noch vor zehn Jahren
war der Baumwollanbau für die Bauern »quasi-
obligatorisch«. Über den Baumwollerlös wurde
die Kopfsteuer eingezogen, die genau zum Zeit-
punkt der Ernte geleistet werden mußte.

Obwohl sich im letzten Jahrzehnt diese Situation grundlegend verändert, ja zum Teil ins Ge-
genteil verkehrt hat – die Bauern wollen von sich
aus Baumwolle anbauen –, ist der autoritäre Cha-
rakter der Baumwollwirtschaft geblieben. Jetzt
geht es darum, ob die Bauern Baumwolle anbauen dürfen. Viele Dörfer erhalten aufgrund
ihrer Verschuldung keine Betriebsmittel. Da außerdem die Transportwege nur zu bestimmten
Zeiten im Jahr befahrbar sind und deren Erhal-
tung für die Baumwollgesellschaft mit zu hohen
Kosten verbunden ist, werden abgelegene Dörfer
von den Lastwagen der Gesellschaft nicht mehr
angefahren. Solche Dörfer bauen dann keine Ver-

kaufskulturen mehr an und sind damit von der Geldwirtschaft abgekoppelt. Die von der Cotontschad ehemals geschaffenen, jetzt verfallenden Transportwege behindern den Individualverkehr mit Ochsenkarren, der dem Handel anderer Waren dient. Damit wird den Dörfern eine wichtige Voraussetzung für die wirtschaftliche Entwicklung entzogen.

Ohne den Umbau des Baumwollanbaus auf eine umweltgerechte Bewirtschaftung werden in Kürze gegen Null tendierende Erträge die Regel sein. Alternative Vermarktungsstrukturen für diese Dörfer aufzubauen, wäre das Gebot der Stunde. Dies wird jedoch ohne ausländische Unterstützung kaum möglich sein.

Susanne Neubert

Harte Bestrafung für Baumwoll-
panscherei in China gefordert

Peking, 25.7.1994. Die Zentrale Rechtskommission
(ZRK) hat gestern ein Rundschreiben verschickt, in
dem harte Strafen gegen Fälschen und Panschen
beim Verkauf von Baumwolle gefordert werden. In
dem Rundschreiben heißt es unter anderem: Seit
der zweiten Hälfte des vergangenen Jahres ist ein
Anstieg verbrecherischer Tätigkeiten wie Fälschen
und Panschen beim An- und Verkauf von Baumwolle zu verzeichnen. Etliche Verbrecher benutzten
die Gelegenheit der größeren Nachfrage und des
kleineren Angebots wegen der schlechten Baumwollernte, um nach Riesenprofiten zu jagen, indem
sie Ziegel und Steine, Sand, Steinpulver, abge-
nutzte Leinensäcke, Kunststoff und anderes in die
Baumwolle verpackten.

Die Folge war: Die Maschinen und Anlagen eini-
ger Textilfabriken wurden beschädigt, die Ordnung
auf dem Baumwollmarkt wurde gestört, und der
Staat und viele Betriebe mußten große Finanzein-
bußen hinnehmen. Nicht zuletzt war die negative
Wirkung dieser verbrecherischen Tätigkeiten im politischen Bereich nicht zu übersehen.

In dem Rundschreiben heißt es weiter: Die Auf-
rechterhaltung der Ordnung auf dem Baumwollmarkt ist für die Förderung der sozialistischen
Marktwirtschaft und den reibungslosen sozialistischen Modernisierungsaufbau von großer Bedeutung. Es ist heute, kurz vor der Baumwollernte,
dringend notwendig, diesbezüglich ernste Fälle zu
ermitteln und zu bestrafen.

Zentraler Volksrundfunk (China), 25. Juli 1994

Weißes Gold – Weißer Tod

Neben den USA war früher vor allem die Sowjetunion ein großer Baumwollproduzent. Jedoch
wurde nur ein geringer Teil auf dem Weltmarkt angeboten, der größte Teil wurde im Land verarbeitet. Nach Auflösung der Union trat die neu ge-
schaffene Republik Usbekistan als wichtiger
Baumwollproduzent und -exporteur auf dem Weltmarkt auf. Auch Turkmenistan, Tadschikistan und
Aserbaidschan haben sich zu bedeutenden Expor-
teuren entwickelt. Der Anteil der zentralasiatischen Republiken an den Weltexporten erreicht
fast ein Drittel des Welthandelsvolumens.

Dieser imposante Beitrag zeigt aber nur eine
Seite der Medaille. Die andere Seite ist eine ökologische Katastrophe. Von der ehemaligen Zentral-
regierung in Moskau war das Gebiet südlich des
Aralsees zu einer Monokulturlandschaft degra-
diert worden. Jährlich wurde ein Planziel von
sechs Millionen Tonnen Baumwolle erwartet, das
jedoch auch mit Hilfe künstlicher Bewässerung
nie erreicht wurde.

Die meisten baumwollproduzierenden Länder
Zentralasiens sind seit 1992 durch die Bundesrepublik als Entwicklungsländer anerkannt. Diesen Republiken bleibt wenig, um sich in den Weltmarkt
einzuordnen. Die Verarbeitung der riesigen Mengen Baumwolle fand unter dem Wirtschaftsedikt
Moskaus nicht in diesen Ländern statt. Mehr als

70 Prozent des sowjetischen Baumwollgewebes wurden in der Republik Rußland produziert. Nur zwölf Prozent der Gewebeproduktion entfielen auf die sechs baumwollproduzierenden zentralasiatischen Republiken.

Dadurch bleibt für diese Länder auch unter den für sie neuen Weltmarktbedingungen nur der Export von Baumwolle. Aufgrund starker Importabhängigkeit auch bei Nahrungsmitteln und wegen fehlender Infrastruktur und geringer Lagerkapazität können sie auf dem Weltmarkt nur bestehen, wenn sie ihre Baumwolle gegen Dumpingpreise, das heißt unter Weltmarktpreisen, verkaufen.

Über 70 Prozent der sowjetischen Baumwollproduktion kamen aus Usbekistan. Bis heute ist für die eigenständige Republik die Abhängigkeit von der Baumwolle geblieben. 53 Prozent der Usbeken arbeiten in der Agrarwirtschaft, vor allem im Baumwollanbau. Ein Drittel des Nationaleinkommens Usbekistans entfällt auf die Landwirtschaft, vor allem auf Baumwolle (70 Prozent). Nur 11 Prozent der Beschäftigten in der Industrie sind Usbeken, hier stellen die Russen den größten Anteil. In den wichtigsten Industriestandorten machen die Russen ein Viertel bis zur Hälfte der Bevölkerung aus. Usbekistan zerfällt damit in zwei Gesellschaftsgruppen, und die Industrie bleibt für die Usbeken ein Fremdkörper.

Hinzu kommt, daß die zentralasiatische Baumwollproduktion stark von künstlicher Bewässerung abhängig ist. In Usbekistan entfallen fast 60 Prozent der von künstlicher Bewässerung abhängigen Flächen auf die Gewinnung von Baumwolle. Bei dieser noch durch Moskau festgelegten Auftei-

lung wurden ernährungsrelevante Agrarkulturen
so weit verdrängt, daß sich Usbekistan nicht mehr
selbst ernähren kann und bei Nahrungsmitteln
importabhängig ist – Strukturen also, die aufgrund
der kolonialen Vergangenheit auch in sogenannten Dritte-Welt-Staaten zu finden sind.

Neben den ökonomischen Problemen der zentralasiatischen Länder ist vorrangig die ökologische Katastrophe, das Versiegen des Aralsees, an-
zugehen. Experten sprechen davon, daß dies wiederum nur durch eine beträchtliche Reduzierung
der Baumwollproduktion zu erreichen ist. Viele
Gebiete um die beiden großen zentralasiatischen
Zuflüsse des Aralsees, den Amu-Darja und den
Syr-Darja, sind in den Landkarten von 1968 noch
als Baumwoll- und Reisanbaugebiet ausgewiesen.
Die »zum Blühen gebrachte Wüste« wurde damals
als ein stalinistisches Wunder gepriesen. »Nichts
davon ist mehr zu sehen«, schreibt Elisabeth Ki-
derlen, die im Herbst 1992 Usbekistan besuchte.
»Stacheliges Gebüsch, verrottete Kanäle, Sumpf
und Sand, so weit das Auge reicht.«

Die exzessive Ausbeutung der landwirtschaftlichen Anbauflächen war nur zu erreichen, weil
aus den Flüssen riesige Wassermengen abge-
zweigt wurden. Die Auswirkungen der ökologischen Gewalttat verwandelten die Parole vom
»Weißen Gold« in die vom »Weißen Tod«. Der ver-
siegende Aralsee verbreitet eine Wüstenzone um
sich, die im Volksmund »Akt kum« (weißer Sand)
genannt wird. Von dem bereits freigelegten See-
boden werden Sand- und Salzverwehungen über
Tausende von Kilometern weggetragen – bis zu
200 000 Tonnen täglich. Die beiden Flüsse Amu-

Darja und Syr-Darja führen dem Aralsee immer weniger Wasser zu, weil es für die Bewässerung landwirtschaftlicher Nutzflächen abgeleitet wird – ein Teufelskreis, der die einst am Aralufer liegende Fischfabrik um insgesamt 100 Kilometer vom salzigen Naß entfernt hat. Verrottete Schiffe in der kilometerweiten Einöde salzigen Bodens zeugen vom ehemaligen Wasserstand.

Die Umweltkatastrophe um den Aralsee ist nicht auf den See beschränkt. Die Lebenserwartung der Bevölkerung liegt in den am härtesten betroffenen Gebieten bei 38 bis 42 Jahren. Die häufigsten Krankheiten – Hepatitis, Tuberkulose, Speiseröhrenkrebs sowie Magen-Darm-Erkrankungen – werden durch die in der Baumwollwirtschaft verwendeten Pestizide, durch Dünger und verseuchtes Wasser hervorgerufen. Verteilt werden die chemischen Giftstoffe aus Flugzeugen, während die Arbeiterinnen auf den Feldern sind.

Die Neugeborenenstatistik ist erschreckend: Jedes achte bis zehnte Kind kommt behindert zur Welt. Trinkwasser aus dem Amu-Darja zu entnehmen, empfiehlt sich nicht. Für diesen Fluß, eine einzige Pestizidkloake, gibt es zwar Wasseraufbereitungsanlagen, die aber unbrauchbar sind. »Was ich da gesehen habe, spottet jeder Beschreibung. Im Grunde wird das Wasser nur durch das Werk geleitet und kommt auf der anderen Seite so heraus, wie es hereinkam«, bemerkte 1992 ein Mitarbeiter der deutschen Gesellschaft für Technische Zusammenarbeit (GTZ).

Ralf Hofer

Von Kapselraupen,
Weichhautmilben und Pestiziden

Ihre Namen klingen für die meisten Personen
fremd. Wer kennt schon die Weichhautmilbe, den
Kapselwurm, den Stengelspitzenbohrer oder die
Mottenschildlaus? Wem sagen Bezeichnungen
wie Anthraknose oder Kräuselvirus etwas? Diese
Namen stehen auf der inzwischen sehr langen Li-
ste der Baumwollschädlinge, die beim Anbau des
beliebten Rohstoffes Baumwolle für unsere
schnellebigen Modewellen Ertragseinbußen ver-
ursachen können.

Manche dieser Tierchen und Mikroben genos-
sen in früheren Jahren kaum Aufmerksamkeit,
wenngleich auch aus früherer Zeit Krankheiten
und Schädlinge der Baumwollpflanzen bekannt
sind. Schließlich ist der Anbau von Kulturpflanzen ohne Schädlinge nicht denkbar, denn als
schädlich gelten all jene Organismen, die einem
wie auch immer von Menschen festgelegten po-
tentiellen Ertrag der Kulturpflanze abträglich sind.

Welche und wieviele Organismen auf den
Baumwollfeldern als Schädlinge auftreten beziehungsweise als Schädlinge definiert werden, ist
nicht zuletzt davon abhängig, wie sie bekämpft
und kontrolliert werden und welche Baumwoll-
qualität gewünscht ist. So kann ein Insekt, das
zwar im Baumwollfeld lebt, aber keinen bemer-
kenswerten Schaden anrichtet, durch den Einsatz
von Pestiziden zu einem ernsthaften Schädling

werden, weil oft die natürlichen Feinde des Schad-
organismus durch die Gifte ebenfalls vernichtet
werden. Soll maschinell geerntet werden, sind
auch die für die maschinelle Ernte hinderlichen
Blätter zu bekämpfende »Schädlinge«, die mit
Chemie entfernt werden. Von den Erntemaschi-
nen abgezupfte Blätter stören die Weiterverarbeitung der Fasern.

»Baumwolle ist heutzutage eine der weltweit
am meisten ›verlausten‹ Kulturpflanzen; durch-
tränkt mit Pestiziden ist sie das Opfer eines Gegen-
schlags der Natur«, stellte Robert van den Bosch
1980 fest. Der Insektenkundler formulierte diese
Worte in einer Zeit, als die Situation auf den
Baumwollfeldern der großen Anbauländer auch
nach Ansicht internationaler Organisationen wie
der Weltbank oder der Ernährungs- und Landwirtschaftsorganisation der Vereinten Nationen (FAO)
die »Phase der Krise« erreicht hatte.

Der bedenkenlose Pestizideinsatz hatte in den
siebziger Jahren eine Kettenreaktion in Bewegung
gesetzt, die wie ein Magnet ökonomische Kata-
strophen, ökologische Zerstörung, Vergiftung und
Tod ansog. Durch die starke Verbreitung der nütz-
lingsschädigenden, pestizidintensiven industrialisierten Landwirtschaft erhielt so manches Insekt,
das zuvor ein unbeachtetes Dasein genoß, den
Ruf eines verheerenden Schädlings. Im chemischen Krieg auf den Baumwollfeldern blieben oft
die anpassungsfähigen Insekten die Sieger.

Diese Kettenreation führte dazu, daß durch
massiven Einsatz von Pestiziden und Anpassung
der Schadorganismen an den Einsatz der Gifte
letztendlich immer mehr und neue Pestizide ein-

gesetzt werden mußten, und das hatte fatale Folgen nicht nur für die Gesundheit von Mensch und Umwelt, sondern auch für die ökonomische Situation der Baumwollproduzenten.

Als die ersten synthetischen Pestizide aus den chemischen Fabriken des Nordens auf die Baumwollfelder gelangten, war der Effekt zunächst überzeugend – allerdings nicht lange, wie das Beispiel der Baumwollanbauregion Gezira im afrikanischen Sudan zeigt. Mit Hilfe des berüchtigten Insektizids DDT, einem Chlorkohlenwasserstoff (CKW), wurde im Sudan erstmalig in der Saison 1945/46 die Zwergzikade – Hauptschädling zur damaligen Zeit – auf chemischem Weg bekämpft. Durch ein ausgeklügeltes Bewässerungssystem stiegen die Baumwollerträge in der Gezira, und in der Saison 1950/51 konnte im Sudan der höchste Baumwollertrag geerntet werde, der – soweit bekannt – jemals erzielt wurde.

Die Ernüchterung ließ jedoch nicht lange auf sich warten. Das Anbaujahr 1961/62 war das Jahr mit der niedrigsten Ernte, von der jemals berichtet wurde. Jetzt stand der Baumwollkapselwurm (Heliothis) als Hauptschädling im Vordergrund der Aufmerksamkeit. Immer mehr und neue Pestizide wurden geliefert. Neben den Chlorkohlenwasserstoff-Insektiziden DDT, HCH, Endrin und Toxaphen wurden Insektenbekämpfungsmittel aus der Gruppe der Organophosphate eingesetzt.

Komplexer wurde jedoch nicht nur die Palette der angebotenen Pestizide, sondern auch die Schädlingssituation. Um die schwierige Situation zu meistern, wurden als neue Waffe Pestizidmischungen ausgebracht, gekoppelt mit einer Erhö-

hung der Pestizid-Aufwandmenge. Aber auch
diese Waffe erwies sich als stumpf.

Nachdem über Jahre Pestizide zur Bekämpfung
von Zwergzikaden, Blatt- und Kapselraupen eingesetzt worden waren, traten Ende der siebziger
Jahre die Weiße Fliege und Blattläuse – beides ehemals keine bedeutenden Schädlinge – in den Vordergrund. Zum Entsetzen der Anbauer entwickelten sämtliche Hauptschädlinge der sudanesischen
Baumwolle Resistenzen (Unempfindlichkeiten)
gegen die breite Palette von Pestiziden. Die massiv eingesetzten Gifte wirkten einfach nicht mehr.
Ein Beispiel ist die Weiße Fliege mit Resistenzen
gegen DDT, Dimethoat, Monocrotophos und anderen Pestiziden. Die Spraykosten betrugen jetzt
über 40 Prozent des Erntewertes der vom Preisverfall betroffenen Baumwolle.

Die Bilanz der Anstrengungen zur Steigerung
der Produktivität im Baumwollanbau durch den
massiven Einsatz von Pestiziden war verheerend.
Bei einer (im Vergleich zu 1945/46) 195-fachen
Steigerung der Pestizidkosten konnte 1985/86
eine unbedeutende 1,04-fache Steigerung des
Baumwollertrags erzielt werden!

Die Gezira-Region im Sudan ist nur ein Beispiel
für das ökologische und ökonomische Desaster,
das durch den massiven Einsatz von Pestiziden
auf Baumwollfeldern angerichtet wurde. Ähnliche
Tragödien vollzogen sich in Ägypten, in Süd- und
Mittelamerika und dort vor allem im Cañete-Tal in
Peru, in Kalifornien im Imperial Valley, in Texas
im Rio Grande Valley und in Australien im Ord Ri-
ver Valley. Diese Beispiele zeigten auf vergleich-
bare Weise wie die Misere im Sudan, daß der Pesti-

zideinsatz auf das Agrarsystem selbst zurückschla-
gen kann, weil die natürlichen Regelungssysteme
durch das Verdrängen oder Vernichten von Nütz-
lingen infolge des Pestizideinsatzes nachhaltig gestört werden können und die Schädlingsprobleme
dadurch noch zunehmen.

Angesichts dieser Katastrophe sollten, so vor
allem die damaligen Verlautbarungen der FAO,
neue Programme unter dem Namen »Integrierte
Schädlingsbekämpfung« den Pestizideinsatz auf
ein weniger gefährliches Ausmaß reduzieren. Bis
zum heutigen Tag wurde jedoch, von einigen Ausnahmen abgesehen, kein grundsätzlicher Wandel
vollzogen. Baumwolle ist heute unbestritten eine
der pestizidträchtigsten Einzelkulturen überhaupt.

Insbesondere in Entwicklungsländern hat der
Einsatz von Baumwollpestiziden einen hohen
Stellenwert. Während in den USA die Baumwollpestizide einen prozentualen Anteil von elf Prozent am gesamten Pestizidverbrauch haben, sind
es in der Türkei 36 Prozent, in Indien 45 und in
Ägypten sogar 50 Prozent. Dabei handelt es sich
vor allem um Insektizide zur Bekämpfung von Insekten und Akarizide zum Abtöten von Spinnmil-
ben. Zudem werden Herbizide (Unkrautvernichtungsmittel), Wachstumsregulatoren (Mittel zur
Veränderung der Wachstumsvorgänge in Pflanzen) und Entblätterungsmittel (zur Ermöglichung
einer maschinellen Ernte) sowie Fungizide gegen
Pilze eingesetzt.

Schätzungsweise 150 000 bis 250 000 Tonnen
Wirkstoffe werden jährlich auf den Baumwollfel-
dern versprüht. Zum Vergleich: In der gesamten
Bundesrepublik, also in den alten und neuen Bun-

desländern zusammen, wurden 1993 zum Zweck
des Einsatzes in der Land- und Forstwirtschaft sowie im Gartenbau 28 930 Tonnen Wirkstoffe verkauft.

Die wichtigsten im Baumwollanbau eingesetzten Insektizide stammen aus der Gruppe der sogenannten Organophosphate und der Pyrethroide.
Die zu diesen beiden Stoffgruppen zählenden Pestizide, vor allem aber die Organophosphate, gelten als äußerst kritisch im Hinblick auf die Gesundheit der mit diesen Stoffen in Berührung
kommenden Personen. Von der Weltgesundheits-
organisation (WHO) wurden die bedeutsamsten
Baumwollpestizide hinsichtlich der akuten Vergif-
tungsgefahr für den Menschen deshalb überwiegend in die höchsten Giftigkeitsklassen eingestuft.

So verwundert es nicht, daß der Pestizideinsatz
im Baumwollanbau viele Probleme bereitet: Beim
Verladen von Pestiziden kommt es vor, daß Arbeiter Pestizidsäcke schwitzend mit bloßem Oberkör-
per schultern. Unter solchen Bedingungen führt
die ohnehin oft vernachlässigte Aufnahme über
die Haut leicht zu ernsthaften Vergiftungen. Beim
Ansetzen der Pestizide auf dem Feld können oft
nicht einmal die minimalsten Schutzvorrichtun-
gen eingehalten werden. Ähnlich ist es bei der
Ausbringung: Vollständige und vor allem funkti-
onsfähige Schutzkleidung ist oft nicht vorhanden.
Sie zu tragen, ist zudem in heißen Regionen kaum
erträglich, weil es unter der Schutzkleidung leicht
zu einem Hitzestau kommen kann. Nach der Ausbringung fehlt häufig die Möglichkeit, sich zu waschen. Leere Pestizidbehälter wie Säcke, Kanister
oder Fässer haben in der Dritten Welt einen hohen

Wiederverwertungswert. Da sie sich in den seltensten Fällen ausreichend reinigen lassen, wird das darin später aufbewahrte Mehl oder Wasser mit Pestizidrückständen belastet.

Da konkrete Erhebungen fehlen, ist nicht bekannt, wieviele Menschen sich beim Baumwollanbau mit Pestiziden vergiften. Einigkeit besteht darüber, daß in Entwicklungsländern bei weitem die meisten Vergiftungsfälle zu beklagen sind – die Internationale Arbeitsorganisation (ILO) spricht sogar von 99 Prozent der Todesfälle –, obwohl dort nur rund ein Viertel der weltweit eingesetzten Pestizide ausgebracht werden.

Hochrechnungen ergaben, daß jährlich zwischen einer und 25 Millionen Fälle unbeabsichtigter Vergiftungen auftreten, die überwiegend die Pestizidanwendungen betreffen. Die tödlich endenden Pestizidvergiftungen werden auf 20 000 bis 40 000 Fälle pro Jahr geschätzt. Zu diesen Zahlen sind noch die mit Pestiziden erfolgten Selbstmorde hinzuzurechnen.

Durch den Pestizideinsatz werden aber nicht nur die Anwender und Anwenderinnen den Giften ausgesetzt, sondern oft auch Menschen in angrenzenden Siedlungen, insbesondere dann, wenn Pestizide mit dem Flugzeug ausgebracht werden. Über die Abdrift, die Verdunstung, das Abfließen nach Regenfällen und die Versickerung kann die Umwelt weiträumig in Mitleidenschaft gezogen werden. Damit sind auch kranke Menschen, Alte und Kinder den Pestiziden ausgesetzt, die besonders anfällig gegenüber den Giften sind. Zudem werden durch den Pestizideinsatz wichtige Ressourcen zerstört. So wurden immer wieder er-

hebliche Mengen an Fischen durch Pestizide getö-
tet und Trinkwasserquellen vergiftet.

Heute, über eine Dekade nach den großen Er-
tragseinbrüchen im Baumwollanbau, besteht erstmalig die Hoffnung, daß die über Jahre durch intensive Werbung verfestigte Ideologie und Praxis
der chemischen Schädlingskontrolle endlich über-
wunden wird. Zunehmend mehr Menschen erkennen, daß der Anbau von Baumwolle mit weniger
Giften oder sogar ohne chemische Pestizide keine
unmögliche Aufgabe ist. Da die Schädlinge im
Wettrennen mit den gegen sie eingesetzten Giften
zu oft siegten, sind intelligentere Anbauformen
auf dem Vormarsch, die im Ergebnis nicht nur die
durch Schädlinge verursachten Ernteverluste, sondern auch die Gesundheitsgefahren für die Pestizi-
danwender und -anwenderinnen und zudem die
Pestizidrückstände in den Baumwollfasern, den
als Futtermittel verwendeten Samenschalen und
den für vielerlei Zwecke verwendeten Samenker-
nen reduzieren. Das kleine Pflänzchen einer »organischen Baumwollproduktion«, bei der insbesondere die Pflanzen- und Bodengesundheit im
Vordergrund steht, beginnt zaghaft zu wachsen.

Carina Weber

Lesetip:

Zum Beispiel Pestizide. Lamuv Taschenbuch 106 (Süd-
Nord)

Von der Ernte
zum T-Shirt

»100 Prozent Baumwolle« steht auf dem Etikett
von Hemden, Handtüchern oder Jeans. Daß sich
dahinter mehr als 100 Prozent Baumwolle verbirgt,
soll an dem fiktiven Beispiel eines T-Shirts und
den wichtigsten Stationen seines Lebens gezeigt
werden. Die folgenden Ausführungen erheben
keinerlei Anspruch auf Vollständigkeit, auch die
Reihenfolge der einzelnen Prozesse kann variie-
ren.

Bereits beim Anbau, aber auch bei der Ernte der
Baumwolle werden die verschiedensten Gifte eingesetzt. Von der Farm kommt sie zur Entkör-
nungsanlage, wo die Fasern von den Samen ge-
trennt werden.

Spinnen

Im nächsten Schritt wird die Baumwollfaser zu
Garn versponnen. Dies geschieht in der Regel
nicht an demselben Ort wie der Anbau und die
Entkörnung, die Baumwollfaser muß zunächst
weitertransportiert werden. Damit die Ballen dabei nicht schimmeln, werden sie mit Pestiziden behandelt. Nach dem Spinnen liegt dann als Produkt
das rohe Baumwollgarn vor, das zu einer textilen
Fläche gewebt wird.

Weben

Da die Webstühle heute mit einer Geschwindig-
keit von bis zu 140 Stundenkilometern arbeiten,
steht das Garn dabei unter starker Spannung.
Damit es nicht reißt, wird es mit der sogenannten
Schlichte behandelt: mit einem Schutzfilm zum
Beispiel aus Stärke oder synthetischen Polymeren
überzogen. Dieser Überzug wird nach dem Weben
überflüssig und mit Hilfe von Lösemitteln und
ähnlichem wieder herausgespült. Dadurch gelangt er meist vollständig in das Abwasser der
Weberei.

Die Entschlichtung findet zum Teil in den We-
bereien, zum Teil aber auch erst bei den anschlie-
ßenden Färbe- und Ausrüstungsprozessen der Textilveredelung statt und ist dort ein Hauptverursa-
cher der organischen Belastung der Textilabwässer.
Mittlerweile werden Verfahren zum Recycling der
Schlichte erprobt, die aber eine räumliche Nähe
der beiden Prozesse Schlichten und Entschlichten
voraussetzen. Zur Zeit werden beide noch überwiegend an getrennten Orten durchgeführt. In
Ägypten zum Beispiel ist das Schlichten der Textilindustrie für den hohen Schadstoffgehalt des Nils,
der wichtigsten Trinkwasserquelle, verantwortlich.
Hier wird in einem Modellversuch ein Schlichte-
mittel erprobt, das nach dem Weben unzerstört
aus den Stoffen entfernt und wieder in der
Schlichte eingesetzt werden kann.

Nach diesem Schritt ist nun ein roher Baumwollstoff entstanden, der als nächstes gefärbt
wird.

Bleiche/Färben

Damit die Farbstoffe gleichmäßig aufgetragen werden können, wird das Gewebe zunächst gewaschen und gebleicht. Als Bleichmittel werden immer noch Chlorverbindungen eingesetzt, die unter dem Verdacht stehen, für die Belastung der Textilabwässer mit Dioxinen verantwortlich zu sein. Zur Zeit setzt sich immer stärker die günstigere Peroxidbleiche durch.

Dann wird in wässriger Lösung der Farbstoff, meist Farbstoffmischungen, aufgetragen. Zur Auswahl stehen ungefähr 5 000 synthetische Farbmittel, vor allem Azo- und Antrachinonfarbstoffe. Damit sie auf der Baumwolle haften, werden zusätzlich noch Farbfixierer wie Nitro- und Nitroseverbindungen hinzugefügt.

Stammt die für unser T-Shirt verwendete Farbmischung aus Westeuropa, sind bestimmte gesundheitsgefährdende Farbstoffe wie Benzidine nicht mehr enthalten, weil westeuropäische Farbstoffhersteller, die in der ETAD (Toxikologie- und Umweltverband von Farbstoffherstellern) zusammengeschlossen sind, darauf verzichten. Allerdings werden 45 Prozent aller Farbstoffe in Ländern wie China oder in Osteuropa hergestellt, die nicht Mitglied der ETAD sind.

Als Ergebnis der Färbeprozesse ist ein farbiges Baumwollgewebe entstanden, aus dem durch mehrmaliges Spülen noch die überschüssige Farbe entfernt werden muß. Deswegen sind Flüsse, die die Textilabwässer aufnehmen, häufig abenteuerlich bunt gefärbt. Zur Lösung dieses Problems kursiert nach wie vor die Empfehlung, die

Abwässer mit Hypochlorit oder Wasserstoff-
peroxid zu bleichen. Dadurch werden die Farbstoffe aber nicht aus dem Abwasser entfernt, sie
sind nur nicht mehr sichtbar.

Der Prozeß des Färbens/Entfärbens findet
überwiegend in Deutschland statt. Jetzt liegt ein
farbiger Baumwollstoff vor, der, bis er zu unserem
T-Shirt geworden ist, allerdings noch einen weiten
Weg zu gehen hat.

Veredelung

Durch die Veredelung soll nun der Baumwollstoff
all die Eigenschaften erhalten, die er von Natur
aus nicht hat, beziehungsweise die Eigenschaften
wieder erhalten, die er durch die Chemisierung
verloren hat.

Ziemlich sicher wird unser Baumwollstoff dem
Prozeß der sogenannten Hochveredelung unter-
worfen – dies geschieht mit 90 Prozent aller Baumwolltextilien. Hochveredelt heißt, daß Formalde-
hydharze auf die Faser aufgebracht werden. Dabei
entstehen zwischen der Faser und dem Kunstharz
Bindungen, die verhindern sollen, daß der Stoff
nach dem Waschen einläuft. Durch diesen Vor-
gang wird aus der Naturfaser eine halbe Kunst-
faser.

Durch die Hochveredelung bekommt der Stoff
unseres T-Shirts einen härteren Griff. Um ihn wieder weich zu machen, wird er mit Weichmachern
behandelt. Da hochveredelte Baumwolle schneller verschmutzt, kommt noch eine Easy-Wash-
Ausrüstung dazu, durch die das Auswaschen des
Schmutzes erleichtert wird. Hierzu wird auf die

Fasern ein dünner, nicht klebender Film aus Kunstharzprodukten, etwa Fluorkohlenwasserstoffen, aufgebracht.

Damit soll es nun genug sein. Jetzt muß noch das Zuschneiden und Nähen, das Konfektionieren des T-Shirts erfolgen. Wahrscheinlich wird es zu diesem Zweck wegen der niedrigen Lohnkosten noch einmal nach Sri Lanka oder Thailand transportiert, erhält in Italien noch ein Etikett und kommt dann als »Made in Italy« auf den Ladentisch: »100 Prozent Baumwolle«.

Ines Weller

Fasern auf dem Bremer Prüfstand

Die Frauen sitzen gerade in der Frühstückspause am großen Tisch ihres Labors. Einige haben ihr Strickzeug auf den Knien: »Wer hier arbeitet, hat meistens schon ein besonderes Verhältnis zur Wolle oder Baumwolle.« Helmuth Harig, Leiter des Faserinstituts, führt durch die Laborräume. Bei regelmäßig 20 Grad und durchgängig 65 Prozent Luftfeuchtigkeit haben die Frauen das ganze Jahr hindurch gleichmäßig temperierte Arbeitsbedingungen. Für die Vergleichbarkeit der weltweit standardisierten Tests ist dies notwendige Bedingung. 24 Stunden lang müssen die Proben in diesem Einheitsklima gelagert werden, bevor die Meßwerte gültig sind.

Einige der traditionellen Prüfkriterien sind auch für Laien augenscheinlich. Baumwolle liegt in dicken Flocken in den Kartons. Je nach Herkunft und Qualität haben die einzelnen Proben unterschiedliche Farben, vom reinen Naturweiß bis zu einem gelblichen Ton. Je nachdem, ob sie maschinell oder per Hand gepflückt wurde, finden sich Laubkrümel in den Faserwolken.

Für die anschließende hochtechnisierte Weiterverarbeitung der Rohfasern werden immer aufwendigere Tests notwendig: Die durchschnittliche Faserlänge, die natürlichen Verknotungen der Fasern, ihre Wandstärke, Festigkeit und Dehnbarkeit müssen geprüft werden, damit sie den Spinnmaschinen mit 100 000 Umdrehungen pro Minute standhalten.

Birgitt Rambalski

Neues aus dem Genlabor

Eine ganze Schar von WissenschaftlerInnen hat sich an die Arbeit gemacht, ein Pflanzenprodukt zu entwickeln, das modernsten Effizienzansprüchen gerecht wird: Die Baumwollpflanze der Zukunft soll den stärksten Giften und dem Insektenfraß standhalten, sie soll Fasern produzieren, die für die Weiterverarbeitung in der hochtechnisierten Textilproduktion geeignet sind, und mit Hilfe der Gentechnik auch gleich in einer Farbe auf dem Feld wachsen, die JeansträgerInnen wünschen.

Das erste bedeutende Forschungsgebiet für PflanzengentechnikerInnen war die Erzeugung herbizidresistenter Nutzpflanzen. Manche Herbizide (Unkrautvernichtungsmittel) vernichten nicht nur die unerwünschten Gräser und Kräuter, sondern schädigen auch die Kulturpflanzen. Baumwolle sollte daher gentechnisch so verändert werden, daß Herbizide ausgebracht werden können, ohne daß die Pflanzen Schaden nehmen, sie also herbizidresistent sind.

Die US-Firma Calgene arbeitet seit Jahren daran, Baumwollpflanzen zu schaffen und zu perfektionieren, denen ein Unkrautvernichtungsmittel mit dem unaussprechlichen Namen Bromoxynil der Firma Rhone-Poulenc nichts anhaben kann. Zusammen mit der Firma Phytogen entwickelt sie außerdem Baumwollpflanzen, die gegenüber dem herbiziden Wirkstoff Glyphosat resistent sind.

Monsanto, die einzige Herstellerfirma des Pro-
duktes »Roundup«, das den Wirkstoff Glyphosat
enthält, arbeitet ebenfalls an glyphosat-resistenter
Baumwolle.

Geforscht wurde zunächst nur im Labor. Doch
seit Ende der achtziger Jahre reichen den Wissen-
schaftlern die Versuche in den Labors nicht mehr
aus. Sie drängen ins Freiland. In den USA, wo bislang 29 der weltweit ingesamt 47 Freisetzungsversuche mit gentechnisch veränderten Baumwollpflanzen stattgefunden haben, gingen fast alle auf
das Konto von Monsanto und Calgene.

Der Verkauf herbizidresistenten Saatguts kann
jedoch erst beginnen, wenn die Firmen eine staatliche Zulassung für die Vermarktung von Saatgut
aus dem Genlabor erhalten. Dieser Durchbruch
gelang den Unternehmen gegen vielfache Bedenken im Frühjahr 1994, als Calgene vom amerikani-
schen Landwirtschaftsministerium die US-Markt-
zulassung für Baumwollsaatgut bekam, das gegen
Bromoxynil resistent ist.

Umweltverbände argumentierten vergeblich:
Die genetisch veränderte Baumwolle könnte Un-
krauteigenschaften entwickeln; der Anbau dieser
herbizidresistenten Baumwolle werde die Verwendung des giftigen Wirkstoffes Bromoxynil stei-
gern, so daß Vergiftungen durch mit dem Wind
fortgetragenes Bromoxynil zunehmen dürften.
Außerdem würden durch die Zulassung der gentechnisch veränderten Baumwolle drei weniger
problematische Herbizide vom Markt verdrängt.
Dies alles sei mit dem Ziel, den Herbizideinsatz
zu reduzieren, nicht vereinbar.

Ein weiteres Projekt der GentechnikerInnen ist,
Baumwollpflanzen so zu verändern, daß sie nicht

von Insekten geschädigt werden. Seit Jahrtausenden muß der Mensch einen Teil der angebauten Pflanzen anderen Lebewesen überlassen, etwa Insekten, die sich von Pflanzenteilen oder Pflanzeninhaltsstoffen ernähren. Um die Erntemenge zu erhöhen, wurden seit dem Zweiten Weltkrieg in großen Mengen Insektizide (Insektenvernichtungsmittel) eingesetzt. Schon bald wurde jedoch deutlich, daß mit dem Einsatz solcher Insektizide erhebliche Nachteile verbunden sind. Die Lösung für VertreterInnen der Gentechnik: Schaffung von Pflanzen, denen Insekten nichts anhaben können, die also insektenresistent sind.

Zu diesem Zweck hat Monsanto die Gene eines Bazillus in Baumwollpflanzen eingeschleust. Dabei handelt es sich um Gene des *Bacillus thuringiensis* (bt), genauer gesagt, um die Eiweiße daraus. Sie sind jeweils nur für einzelne Insektenarten giftig, für andere Tiere und Menschen aber ungefährlich. In Zusammenarbeit zwischen Monsanto, der australischen Baumwollforschungs- und Entwicklungskommission und einer Baumwollbauern-Kooperative werden im australischen Canberra bt-Gene mit insektizider Wirkung in Baumwollsorten eingebracht, die in Australien kommerzielle Bedeutung haben.

Nach Aussage von Monsanto ist dieses Verfahren intensiv auf mögliche negative Folgen untersucht worden. Monsanto erwartet von seiten der Landwirtschaft eine breite Unterstützung, denn Baumwolle sei kein Lebensmittel, und insektenresistente Baumwolle passe ideal in nachhaltige Baumwollanbausysteme.

Fachleute wissen jedoch, daß sich die zu bekämpfenden Insektenarten schnell an die Gifte an-

passen werden. Wohl alle Firmen, die transgene
Pflanzen mit bt-Genen entwickeln und vermark-
ten wollen (die wichtigsten sind Monsanto, Ciba
Geigy, Plant Genetic Systems), erforschen deshalb schon Maßnahmen, um das Heranwachsen
von bt-resistenten Insekten möglichst lange hin-
auszuschieben. Daß es schon seit fünf Jahren eine
»bt-Arbeitsgruppe« gibt, in der 15 Firmen gemein-
sam Forschungsthemen zu bt angehen, ist wohl
der deutlichste Beweis für ein ernstes Resistenz-
problem. Die Firmen berichten jedoch nur einer
»Fachöffentlichkeit« von diesem Problem, obwohl
gerade die Baumwollbauern frühzeitig und vollständig darüber informiert werden sollten.
Schließlich müssen sie die eher komplizierte Resi-
stenzvermeidungsstrategie einhalten, wenn sie bt-
Baumwolle anbauen.

1991 plante Monsanto, der Regierung von Indien die Herstellung von insektenresistenten
Baumwollpflanzen anzubieten. Man wollte die
neuen Eigenschaften in wichtige indische Baumwollsorten einbringen oder durch ein Kreuzungs-
programm zwischen transgenen Monsanto-Baum-
woll-Linien und ausgewählten indischen Linien
konventionell einkreuzen. Indische Wissenschaftler hatten jedoch 1989 unabhängig von Monsanto
mit konventionellen Züchtungsmethoden zwei indische Baumwollsorten entwickelt, die gegen
zehn verschiedene Insekten tolerant sind. Ganz
ohne Gentechnik.

Ein anderes Ziel der Forschung ist, Baumwoll-
hybridsaatgut zu erzeugen. Seit Jahrzehnten wird
in der Landwirtschaft Hybridsaatgut verwendet –
Saatgut, das nicht vermehrungsfähig ist. Ein Vor-

teil ist, daß die aus Hybridsaatgut wachsenden
Pflanzen einmalig einen vergleichsweise sehr hohen Ertrag erbringen. Für die Anbieter dieses
Saatguts schlägt zu Buche, daß die Bäuerinnen
und Bauern jedes Jahr wieder neues Saatgut kaufen müssen, anstatt Saatgut aus ihrer Ernte zu be-
nutzen.

Die Herstellung von Hybridsaatgut ist bei manchen Pflanzenarten, etwa bei Baumwolle, auf kon-
ventionellem Wege schwierig und teuer und damit
wenig lukrativ. Mit Hilfe der Gentechnik soll jetzt
eine kostengünstige Produktion von Hybridsaatgut ermöglicht werden. Die belgische Firma Plant
Genetic Systems arbeitet bisher vor allem an Raps,
Mais, Reis und verschiedenen Gemüsearten und
will auch für den Baumwollanbau Hybridsaatgut
entwickeln.

Ziel der GentechnikerInnen ist zudem, die Fa-
sereigenschaften der Baumwolle zu verändern. So
arbeitet die Firma Agracetus daran, Baumwollpflanzen zu schaffen, die längere und stärkere Fasern produzieren, die besser zu färben und zudem
noch in der Lage sind, mehr Wärme und Feuchtigkeit zu speichern.

Sowohl bei Agracetus wie bei Calgene wird er-
forscht, jeansblaue Baumwolle auf den Feldern
wachsen zu lassen. Die Gene, die bei der Indigo-
pflanze die blaue Farbe erzeugen, sollen gentechnisch in Baumwolle übertragen werden. Natürlich
gefärbte Baumwolle in verschiedenen zarten Farb-
tönen gibt es bereits, und Saatgut dafür liegt in
manchen Genbanken. Allerdings nicht in jeans-
blau!

All diese gentechnischen Entwicklungen gerieten schnell ins Kreuzfeuer der Kritik. Seit Ende

der achtziger Jahre haben sich insbesondere in
den Industrieländern Netzwerke entwickelt, die
sich für die Verhinderung der Gentechnik einsetzen. Bei der Freisetzung von gentechnisch veränderten Nutzpflanzen war der Widerstand so groß,
daß einige Feldversuche scheiterten.

Traditionsgemäß testen Firmen Pflanzen und
Pestizide in den unterschiedlichen Klimazonen
südlicher Länder. Seit einigen Jahren werden dort
auch Freisetzungsversuche mit gentechnisch veränderten Pflanzen vorgenommen. Dafür scheinen
den Firmen Schwellen- und Entwicklungsländer
gut geeignet, in denen rechtliche Regelungen bisher nicht oder nur in Ansätzen existieren, es Partner gibt, die der Gentechnik gegenüber freundlich
gesonnen sind, und in denen der Widerstand ge-
ring ist.

Calgene hat erstmalig 1991 in Argentinien und
Bolivien herbizidresistente beziehungsweise insektenresistente Baumwoll-Linien freigesetzt.
Monsanto folgte 1992 mit herbizidresistenter
Baumwolle in Costa Rica und Belize. Mit einem
staatlichen brasilianischen Forschungszentrum
führt Monsanto ein Kooperationsprojekt durch,
um für Brasilien Baumwoll-Linien mit bereits verbesserten bt-Resistenzgenen auszustatten. Das
Projekt schließt die Ausbildung brasilianischer
Wissenschaftler in Gewebekulturtechniken und
Molekularbiologie sowie im Hinblick auf Frei-
landversuche, Resistenzmanagement und Zulas-
sungsverfahren ein. In Simbabwe wurde begon-
nen, von Monsanto gelieferte bt-Eiweiße unter
Gewächshausbedingungen an lokalen Baumwoll-
schädlingen zu testen. Falls erfolgreich, sollen

transgene Baumwoll-Linien, wiederum von Monsanto, mit den entsprechenden bt-Resistenzgenen für ein Einkreuzungsprogramm in lokal übliche Sorten eingeführt werden. Die erste genehmigte Freisetzung in Südafrika erfolgte mit herbizidresistentem Baumwollsaatgut der US-amerikanischen Firma Calgene.

Das ganz große und sichere Geschäft kann jedoch erst beginnen, wenn es den Firmen gelingt, möglichst weit gefaßte Besitzrechte an den gentechnisch veränderten Nutzpflanzen zu erhalten. Ein solcher Versuch erregte denn auch größte Aufmerksamkeit. Als die US-Firma Agracetus im Oktober 1992 ein US-Patent für gentechnisch veränderte Baumwolle erhielt, schreckte die gesamte Züchtungs- und Saatgutbranche auf, auch über die USA hinaus. Zuvor waren in den USA und in Europa schon viele Patente für Pflanzengentechnik-Entwicklungen erteilt worden, jedoch noch nie in der von Agracetus beantragten Breite. Alle jetzt und künftig genetisch veränderten Baumwollpflanzen und Baumwollprodukte – egal welche Gentechnikmethode jeweils angewendet wird – wurden durch die Patentansprüche abgedeckt.

Im Dezember 1994 hat das US-Patentamt, zur großen Überraschung aller, dieses Baumwollpatent wieder zurückgenommen, nachdem die amerikanische Landwirtschaftsbehörde und eine nichtgenannte Firma eine Überprüfung beantragt hatten. Bekannt ist zudem, daß Indien das Patent ablehnen will. Es wurde jedoch auch in China und Brasilien angemeldet.

Eine offizielle Rechtsfolgenabschätzung darüber, was derart breite Pflanzenpatente bewirken, gibt es nicht. Und noch hat niemand die Folgen abgeschätzt, was geschieht, wenn immer mehr neue Gene in Baumwollsamen dazukommen.

Crescentia Freudling/Carina Weber

Lesetip:

Zum Beispiel Saatgut. Lamuv Taschenbuch 80 (Süd-Nord)

Ökologische Baumwolle – Mehr als Verzicht auf Chemie!

»Ökologische Baumwolle« muß mehr umfassen als nur den Verzicht auf Chemie. Sie bedeutet weder eine Rückkehr zu Anbautechniken, wie sie vor der Industrialisierung der Landwirtschaft angewandt wurden, noch ist sie auf den Anbau beschränkt. Sie ist kein fertiges Paket, das unverändert an beliebigen Orten dieser Welt angewendet werden kann, und sie bezieht, konsequent gedacht, alle Aspekte des Lebens mit ein.

Ökologischer Baumwollanbau bedeutet, die Bedingungen, unter denen die Baumwolle heranwächst, so zu gestalten, daß sie der Pflanzengesundheit förderlich sind. Dabei geht es vor allem um eine für die Pflanzen günstige Art der Bodenbewirtschaftung und Fruchtfolge. Nur wenn das Zusammenspiel der verschiedenen Bedingungen des Baumwollanbaus verstanden und die speziellen örtlichen Gegebenheiten des Klimas, der Bodenbeschaffenheit und der dort lebenden Organismen berücksichtigt werden, kann ökologischer Baumwollanbau funktionieren.

Langfristig tragfähig kann eine ökologische Baumwollnutzung nur sein, wenn auch die sozialen und ökonomischen Lebensbedingungen der Bäuerinnen und Bauern und der in der Weiterverarbeitung Beschäftigten ein menschenwürdiges Leben zulassen. Afrikanische Baumwollproduzenten wie Simplice Voudouhe aus Benin verbin-

den damit gerechte Handelsbedingungen: »Wenn
die KonsumentInnen sagen, wir möchten ein be-
stimmtes Produkt, versuchen wir, ihren Wünschen zu entsprechen. Wenn von ökologischer
Baumwolle die Rede ist, werden meist jedoch nur
die Interessen der VerbraucherInnen an rück-
standsfreien Textilien berücksichtigt. Von den Interessen der Baumwollanbauer ist nur sehr selten
die Rede. Sie sind zum Beispiel daran interessiert,
nicht nur ein ökologisches Produkt zu produzieren, sondern auch einen gerechten Preis zu erhalten. Deshalb ist ein Gedankenaustausch zwischen
Konsumenten und Baumwollproduzenten dringend erforderlich. Um eine sinnvolle Diskussion
führen zu können, müssen jedoch gleiche Partner
zusammenkommen. In Industrieländern sind die
Farmer bereits organisiert und können den Ver-
brauchern sagen, was ihre Interessen sind, was sie
benötigen und was sie tun oder tun werden. Bei
uns müssen Bauernorganisationen erst noch auf-
gebaut werden.«

Bäuerinnen und Bauern, TextilproduzentInnen
und HändlerInnen und auch wir Verbraucherinnen und Verbraucher verändern unser Handeln,
wenn wir uns für eine ökologisch, ökonomisch
und sozial sinnvolle Nutzung der Baumwolle entscheiden. Dabei gehen wir VerbraucherInnen die
geringsten Risiken ein. Vor jedem Kauf eines
Baumwolltextils können wir uns erneut für oder
gegen ökologische Produkte entscheiden – ganz
im Gegensatz zu den Menschen im Baumwollanbau, in der Textilindustrie oder im Handel. Werden dort Produktionsprozesse unbedacht umge-
stellt, können Probleme im Extremfall existenzbe-
drohend sein.

Bäuerinnen und Bauern benötigen daher genaue Kenntnisse über die lokalen Bedingungen einer in der Praxis funktionierenden ökologischen Anbauweise und auch über AbnehmerInnen ihrer Ware. Die finden sie jedoch nur, wenn BaumwollverarbeiterInnen und TextilanbieterInnen davon überzeugt sind, daß dieses Produkt auch zu einem angemessenen Preis an den Mann und die Frau gebracht werden kann.

Trotz des wirtschaftlichen Risikos, das für einzelne Personen mit der Abkehr von umweltzerstörenden und menschenverachtenden Produktionsmethoden verbunden sein kann, wächst die Zahl derer, die wissen, daß Veränderungen dringend nötig sind, und die tatsächlich neue Wege gehen. Den ersten konsequenten Schritt hin zu »organic cotton« wagten in Europa Ende der achtziger Jahre Großhändler in Holland, die ökologische Nahrungsmittel vertrieben. Sie gründeten die Firma Bo Weevil und setzten sich im Südosten der Türkei für den ökologischen Baumwollanbau ein.

Ihnen ging es vor allem darum, auf die negativen Auswirkungen der industrialisierten Baumwollproduktion aufmerksam zu machen und Konsumentinnen und Konsumenten davon zu überzeugen, daß ökologische Baumwollprodukte nicht nur der eigenen Gesundheit, sondern auch der Gesundheit der Produzenten sowie des Planeten Erde dienen.

Zur gleichen Zeit entstand im Süden der USA eine neue Farmerbewegung. Einzelne große Farmen ließen sich auf die Pionierarbeit ein und stellten ihren Anbau um. Einen Absatzmarkt für die aus den ökologisch angebauten Fasern produzier-

ten Textilien suchte und fand man damals vor
allem unter den »Hippies« im sonnigen Kalifornien.

Auf einer Konferenz über Möglichkeiten der
Veränderung des Baumwollanbaus in den USA er-
innerte sich die Farmerin Linda Sheppard: »Ich be-
obachtete die Flugzeuge, wie sie hin und her flo-
gen, ohne zu wissen, was sie da eigentlich ver-
sprühten. Niemand kennt die langfristige Wirkung dieser Chemikalien.« Und sie fügte schmun-
zelnd hinzu: »Ich war 38, schwanger und para-
noid.« Im Jahr 1988 entschieden sie und ihr Mann
sich, auf Pestizide zu verzichten. Einfach war es
nicht. Aber ihre Entscheidung verwandelte sich in
Engagement. Denn, so Claude Sheppard nach-
denklich: »Du mußt an das, was du tust, glauben.
Du kannst es nicht nur wegen des Geldes machen.
Es gibt zu viele Situationen, in denen man unter
einem enormen Druck steht, wieder Pestizide ein-
zusetzen.«

Welche technischen Probleme sich bei der Verarbeitung einer nicht »normalen« Rohbaumwolle in
den Weg stellen können, mußte Sally Fox in den
USA erfahren. Sie züchtet farbige Baumwolle. Da
das Färben von Fasern ein giftiges Geschäft ist,
kam Sally Fox auf die Idee, farbige, wild wach-
sende Baumwollsorten mit Hochertragssorten zu
kreuzen, damit sie industriell verwertbar sind. Da
die Samen zur Weiterverarbeitung der Baumwollfasern entfernt werden müssen, benötigte Sally
Fox für ihre farbige Baumwolle eine Entkernungsanlage. Die BetreiberInnen der in ihrer Umge-
bung existierenden Anlagen wiesen sie jedoch zurück. Sie fürchteten, daß einzelne Samen in der

Anlage zurückbleiben und später die für die Aussaat verwendete weiße Baumwolle kontaminieren können. Da die gesamte Farmerschaft ihrem Vorhaben nicht wohlgesonnen war, blieb ihr nichts anderes übrig, als ihre Arbeit von Kalifornien nach Arizona zu verlagern.

Aus einer ganz anderen Richtung erfuhr die Öko-Pionierin Kritik aus entwicklungspolitischer Sicht. Ihre farbige Baumwolle stammt aus Peru. Aktionsgruppen forderten sie deshalb auf, die peruanischen Bauern für die Verwendung der Sorten zu entschädigen.

Die Sheppards ebenso wie Sally Fox finden inzwischen zunehmend mehr GesprächspartnerInnen, mit denen sie sich über Probleme und Lösungsmöglichkeiten austauschen können. Und es gibt immer mehr Firmen, die sich um die Verarbeitung der ökologischen Baumwollfasern und den Vertrieb ökologisch sinnvoll produzierter Textilien kümmern.

Zwar ist der Anteil der ökologisch verträglicheren und sozial sowie ökonomisch gerechteren Baumwollproduktion, gemessen am Baumwollweltmarkt, noch winzig. Die weltweit ökologisch angebaute Baumwolle hat noch nicht einmal einen Anteil von einem Prozent erreicht. Aber abgesehen von China und den Ländern der ehemaligen UdSSR wird in allen wichtigen Anbaugebieten der Erde ökologische Baumwolle produziert.

Marc van Esch von der Firma Bo Weevil schätzt, daß die Produktion von 1993 mit etwa 6 000 bis 8 000 Tonnen zertifizierter ökologischer Baumwolle im Laufe des Jahres 1994 um mindestens 50 Prozent zugenommen hat. Zu dieser Entwicklung tragen einzelne Menschen bei, auch solche, die versuchen, ökologische, ökonomische und soziale Ziele gleichzeitig zu verfolgen. Zum Beispiel der Senegalese und Initiator des Projekts »Dental Fouladou«, Hady Diallo.

Carina Weber

Dental Fouladou

»Dental Fouladou«, so lautet der Name unserer 1994 gegründeten Organisation im Süden des westafrikanischen Landes Senegal. »Dental« steht für »alle zusammen, Versammlung« und »Fouladou« für »Foula« oder »Peul«, der hier am stärksten vertretenen ethnischen Gruppe. Zu »Dental Fouladou« gehören 58 Bauernfamilien mit jeweils 10 bis 20 Angehörigen. Sie leben in der Region Velingara nahe der Grenze zu Gambia, 600 Kilometer von Dakar, der Hauptstadt Senegals, entfernt.

Das Einkommen und die Lebenssituation der Bauernfamilien in der Region Velingara ist kärglich. »Dental Fouladou« will deshalb dazu beitragen, die Existenz der Bauernfamilien langfristig abzusichern. Unsere Organisation will nicht nur die biologische Landwirtschaft fördern und als Kulturform mit Zukunftschancen bekannt machen, sondern auch Hilfe zur Selbsthilfe bei sozialen Problemen leisten. Auf unserem Arbeitsprogramm steht deshalb:

- Informationen zu traditionellen und neuen Heilmethoden verbreiten und eine private Krankenversicherung initiieren,
- Seminare über Möglichkeiten einer biologischen Landwirtschaft organisieren,

● Informationen über einen für die Zukunftssicherung notwendigen Umweltschutz sammeln und weitergeben und
● alternative Formen der Energiegewinnung fördern.

Rund 125 000 Einwohner leben insgesamt in der Region Velingara. Nur etwa zehn Prozent des Landes in dieser Region werden bewirtschaftet. Es könnten also durchaus weitere Fläche genutzt werden. Angebaut wird vor allem Baumwolle, Mais, Hirse, Sesam, Cashewnüsse, Sorghum, Erdnüsse und Hibiscus.

Die auf traditionelle Weise angebauten Agrarprodukte dienen vor allem dem Eigenverbrauch oder werden auf den lokalen Märkten angeboten. In dieser traditionellen Landwirtschaft spielt der Pestizideinsatz eine relativ geringe Rolle. Pestizide sind den meisten Bäuerinnen und Bauern zu teuer.

Dort, wo Pestizide verwendet werden, sind sie mit großen Gefahren verbunden. Die Mittel werden meist ohne Schutzkleidung ausgebracht, und es kommt häufig vor, daß die Chemikalien im Schlafraum oder hinter der Hütte gelagert werden. Leere Kanister werden oft als Trinkwasserbehälter benutzt. Informationen über die mit dem Einsatz solcher Gifte verbundenen Gefahren gibt es kaum.

Inzwischen stehen viele Bauern den Pestiziden skeptisch gegenüber. Jetzt kommt es darauf an, diese Chancen zu nutzen und über eine sowohl ökologisch wie auch sozial und ökonomisch langfristig tragfähige Landwirtschaft zu informieren. Der biologische Baumwollanbau spielt dabei eine wichtige Rolle. In der Saison 1994/95 wurden versuchsweise 20 Hektar nach den IFOAM-Richtlinien mit Baumwolle bestellt. Die Erfahrungen sind vielversprechend.

Um die für Beratungen erforderlichen Fahrtzeiten in Grenzen zu halten und eine intensive Betreuung zu ermöglichen, wurde die Anzahl der in das Projekt einbezogenen Bauernfamilien begrenzt. Bei den Treffen der Dorfbewohner handelt es sich keineswegs um Seminare nach europäischem Muster; diese Form spielt keine große Rolle, denn der mündliche Austausch der Dorfbewohner ist traditionsgemäß sehr stark. In Gesprächen suchen wir nach regionalen Möglichkeiten des ökologischen Anbaus.

Für die Bauern ist der Anbau von Baumwolle nach ökologischen Prinzipien neu. Noch fehlen die Erfahrungen. Dennoch sind erste Erfolge bereits sichtbar. So haben sich zwei Bitterpflanzen, die in Senegal traditionell zur Behandlung von Wunden eingesetzt werden, als praktikable Mittel zur Kontrolle von Schadorganismen erwiesen. Zur Düngung der im Fruchtwechsel angebauten Baumwolle verwenden die Bauern Kompost, Mist und Gründünger.

Zunächst wird sich das Projekt finanziell nicht selbst tragen können. Deshalb war es außerordentlich hilfreich, daß eine deutsche Naturtextilfirma Baumwollsaatgut zur Verfügung stellte und die Abnahme der kompletten Ernte zu einem Preis garantierte, der über dem Weltmarktpreis liegt. Da Velingara eine wichtige Baumwollanbauregion des Senegal ist, existiert dort eine Entkernungsanlage, die genutzt werden kann. Versponnen und

für den Export verschifft wird die Baumwolle in
Kaolack und Dakar. Von der senegalesischen Regierung wird diese Initiative zwar positiv bewertet,
eine finanzielle Unterstützung ist von dort jedoch
nicht zu erwarten.

Hady Diallo

Ein Dorf baut um

Seit sechs Jahren betreibt die Firma Rapunzel Na-
turkost in der Türkei ein umfassendes Bioanbau-
projekt mit anfänglich drei Plantagenprodukten:
Feigen, Aprikosen, Sultaninen. Bis heute hat sich
dieses Projekt, in dem mittlerweile vier Agraringe-
nieure und zwei Lebensmitteltechnologen von
Rapunzel beschäftigt werden, auf 18 Biofrüchte
ausgeweitet – darunter Feldfrüchte wie Sesam, Kichererbsen, Bohnen und Baumwolle.

An der Produktion dieser Ackerkulturen ist vor
allem ein Dorf beteiligt: Tekelioglu im Westen der
Türkei, zwei Autostunden von Izmir entfernt. Fast
alle Bauern betreiben aktiven biologischen Anbau
und verzichten auf Pestizide und synthetischen
Dünger. Der Baumwollanbau wurde erst in den
vergangenen zwei Jahren ausgeweitet, weil die
Firma Rapunzel als Naturkostfirma erst jetzt
einen Markt für die Textilfaser gefunden hat.

Den Bauern des Dorfes kommt der vermehrte
Anbau von Biobaumwolle sehr entgegen, denn sie
müssen nicht mehr auf lukrative Cash-crops verzichten. Mit dem gestiegenen Rohbaumwollpreis
plus 15 bis 20 Prozent »Bio-Prämie« haben sie 1994
ein gutes Geschäft gemacht. Zudem hat der Baumwollanbau dazu beigetragen, daß die Komplett-
umstellung aller Flächen auf den Bioanbau wesentlich schneller ging als geplant.

Allerdings kann Baumwolle auf den Flächen
nur begrenzt angebaut werden, weil sonst die notwendige Fruchtfolge (Weizen – Luzerne [Winter] –
Baumwolle – Luzerne [Winter] – Sesam – Luzerne
[Winter] beziehungsweise statt Sesam Kichererbsen) nicht mehr umsetzbar wäre. Die Fruchtfolge
ist dabei abhängig von der Bewässerungsfähigkeit
der Flächen. Lediglich in Kanal- oder Stauseenähe
wird Baumwolle angebaut, während auf den höhe-
ren Äckern die trockenresistenteren Früchte wie
Kichererbsen und Sonnenblumen wachsen.

Treten Schädlinge auf, werden sie mit alternati-
ven Methoden reguliert. Ein kleinerer Befall wird
geduldet. Die Populationsgröße des Baumwoll-
kapselkäfers wird mit Lockstoffen, sogenannten
Pheromonen, kontrolliert, und bei Bedarf werden
die Larven/Raupen dann mit Bacillus thuringiensis bekämpft. Gegen die Rote Spinne werden
Schwefelpräparate eingesetzt, gegen die Baum-
woll-Laus im Extremfall Nikotinextrakte. Auf die
sonst gebräuchlichen Chemikalien zur Regulie-
rung der Reife wird ganz verzichtet.

Geerntet wird von der ganzen Familie. Dabei
wird mit Säcken oder Körben zwei- bis dreimal pro
Feld und Saison durch die Reihen gegangen und
mit der Hand geerntet. Hier und da kann man Kinder und Jugendliche in den Feldern beim Pflücken
sehen; dies geschieht außerhalb der Schulzeiten,
zusammen mit Vater, Mutter und anderen Ver-
wandten.

Das Dorfprojekt Tekelioglu ist für ein Land wie
die Türkei einmalig. Während sich sonst nur Ein-
zelbauern bereit finden, den Bioanbau zu prakti-
zieren, kümmern sich hier gemeinschaftlich 80

Junge bei der Baumwollernte in Ägypten

Bauern mit ihren Flächen um das gesamte Öko-
system des Dorfes. Sie pflanzen Bäume und Hek-
ken auf Flächen, die ehemals Ödland waren, und
sie beteiligen sich an den Seminaren der Ökobera-
ter. Die gewonnene Gemeinsamkeit hat dazu geführt, daß man sich Ernte- und Sämaschinen ge-
meinsam gekauft hat.

Eckhart Kiesel

Mit lokalem Tauschhandel
gegen Lethargie und Hunger

Den Wagen parken wir am Rand des Dorfes. »Es
ist besser, zu Fuß zu den Leuten zu gehen«, sagt
die Armutsbekämpferin und ehemalige UN-Bera-
terin Nandini Joshi. Nur Politiker kämen mit dem
Auto vorgefahren, und mit denen will sie nicht verglichen werden.

Wir fragen, wo die ehemaligen »Unberührba-
ren« wohnen. Offiziell gibt es diese Bezeichnung
nicht mehr, aber diese Menschen gehören noch
immer zu den Benachteiligten in Indien. Der, der
uns zu ihnen führt, ist der Neffe des wohlhabend-
sten Bauern am Ort. »Gut«, sagt Joshi zu uns auf
englisch, »dann kann ich ihn vielleicht auch gleich
für meine Idee gewinnen.« Denn das weiß sie aus
Erfahrung: Ohne den Patron, den einflußreich-
sten Bauern am Ort, wird ihr Vorhaben schwierig.

Wir sind in Sheenan, 20 Kilometer außerhalb
von Ahmedabad, der Hauptstadt des indischen
Bundesstaates Gujarat. Joshi will den Ärmsten
der BewohnerInnen von Sheenan ihr Projekt vor-
stellen: die lokale Produktion von handgearbeite-
ten Textilien mit Hilfe der *Charkha,* des Spinnrads
also, auf das schon Mahatma Gandhi gesetzt hat.

Hilfe zur Selbsthilfe nennt sie das. Joshi hat in
Harvard promoviert und ist eine angesehene Wirt-
schaftswissenschaftlerin in Indien. Desillusioniert
von staatlichen und UN-Programmen zur Armuts-
bekämpfung, widmet sie sich inzwischen dieser

Aufgabe in Eigeninitiative und fährt privat auf die Dörfer in der Nähe ihres eigenen Wohnortes. Wir begleiten sie.

Es ist Sonntag. Die Männer sitzen auf dem Dorfplatz, unterhalten sich oder spielen Karten. Die Kinder tollen mit den Hunden herum, und die Frauen bereiten das Mittagessen zu: Dal mit Reis, wie jeden Tag. Der Empfang ist herzlich. Die Männer machen für uns Platz auf dem *Charpoy,* einer Liege aus Hanfseilen, die gleichzeitig als Bett und Sitzgelegenheit dient. Es werden noch zwei Stühle herangetragen, und einer bringt Tee, der aus Untertassen getrunken wird, weil das Trinkwasser knapp ist. In Indien ist es Brauch, einen Gast mit Tee willkommen zu heißen, ob sich die Gastgeber das leisten können oder nicht.

»Wieviel hat Ihr Oberhemd gekostet?« fragt Joshi einen der Anwesenden. »80 Rupien«, ist die Antwort. Wie schwer ist es etwa? Vielleicht 200 Gramm. »Würden Sie es selbst herstellen, würde es vier Rupien kosten«, entgegnet Joshi und erläutert den anwesenden Männern ihr Konzept. Sie will der chronischen Arbeitslosigkeit und der Armut etwas entgegensetzen und setzt dabei auf die lokale Produktion von Textilien, denn für Kleidung gibt es, wie für Lebensmittel und Unterkunft, einen ständigen Bedarf. Dieser Bedarf kann durch den Einsatz einfachster Techniken und Eigenproduktion im Dorf gedeckt werden.

Bereits Gandhi hatte große Hoffnungen auf die Spinnrad-Technologie gesetzt und in den Mittelpunkt seiner Arbeit für ein nachkoloniales Indien gestellt. Joshi hat diese Technik bloß weiter entwickelt, und zwar – für uns im Westen erstaunlich –

nicht durch »höherwertige« Technologie ersetzt,
sondern noch zusätzlich vereinfacht. Ihr Spinnrad
besteht aus zwei kurzen Holzleisten und vier Nä-
geln für das Rad, dem Deckel einer Blechbüchse
und einer Fahrrad- oder Regenschirmspeiche für
die Spindel, einem länglichen Stück Holz zum An-
treiben der Spindel, das auf der Hinterseite mit
einem Streifen eines alten Auto- oder Fahrrad-
schlauchs bespannt wird, sowie aus einem Stück
Bambus als Ständer. Alles Materialien also, die
nicht erst gekauft werden müssen, sondern überall quasi umsonst erhältlich sind.

Wir haben mitgenommen, was wir brauchen:
ein Häufchen Rohbaumwolle, eine Schere, einen
Bindfaden, einen alten Fahrradschlauch, die einzelnen Bauteile für die *Charkha* sowie handgeweb-
ten und -gefärbten Sari-Stoff aus Baumwolle. Damit läßt sich der Spinnprozeß gut demonstrieren,
und auch die fertigen Produkte bleiben auf die Anwesenden nicht ohne Wirkung. Joshi macht es vor
und fordert sie auf, es auch zu probieren. Es ist
einfach, und mit ein bißchen Übung kann eine Per-
son täglich Garn für 1,6 Quadratmeter Stoff herstellen.

Joshi möchte ihr Projekt nicht in erster Linie als
Chance zum Geldverdienen auf den Märkten verstanden wissen. »Wer sollte ihnen die fertigen
Baumwollstoffe denn vor Ort abkaufen? Die
Leute hier haben kein Geld.« Es gehe darum, etwas zu essen, zu trinken, Kleidung und ein Dach
über dem Kopf zu haben. Für Joshi funktioniert
die lokale Textilproduktion am besten als Einstieg
in die Tauschwirtschaft: Ware gegen Ware oder
Ware gegen Dienstleistung.

Dennoch: Um wirtschaftlich produzieren zu
können, sollten höchstens zehn Prozent der Dorf-
bewohnerInnen mit der Herstellung des Garns beschäftigt sein. Damit ist ein Anfang gemacht, und
andere Berufszweige können bald dazukommen.
Das sind zuerst Baumwollpflanzer und -züchter,
Spinnradbauer, Weber, Färber und Schneider.
Schließlich soll eine unabhängige Produktions-
und Wirtschaftseinheit auf lokaler Ebene entstehen, die sämtliche Dienstleistungen und Konsum-
güter miteinschließt. Der Erwerb anderer Waren
erfolgt dann jeweils durch direkten Austausch.

Die Männer finden die Idee gut, sind aber skeptisch, was die praktische Durchführung betrifft.
Und ob ihre Frauen einverstanden sind, wissen
sie auch nicht. »Wo bekommen wir die Rohbaumwolle her?« fragt jemand. Joshi wendet sich an den
Neffen des örtlichen Großbauern, der aufmerksam zugehört hat: »Am besten wäre, wenn man
die hier anbauen könnte und die Bauern einen
Teil ihrer Felder dafür zur Verfügung stellen.« Der
Neffe nickt zurückhaltend. Da sind noch einige
Gespräche zu führen. Aber einen Besuch beim Patron hat Joshi sowieso eingeplant. Heute will sie
wissen, ob die Betroffenen überhaupt an dem Projekt interessiert sind. Und das sind sie. »Wir wollen keine Sklaven mehr sein«, sagt ein junger
Mann mit einem kleinen Mädchen auf dem Arm.
Es wird vereinbart, daß Joshi in 14 Tagen noch einmal wiederkommen soll. Bis dahin wollen die
Männer mit ihren Frauen gesprochen und gemein-
sam eine Entscheidung gefällt haben.

Wenig später sitzen wir wieder im Auto und fahren in ein Slumgebiet am Rande von Ahmedabad.

Hier hat Joshi ihr Konzept schon vor fünf Jahren
vorgestellt. Etwas fällt sofort auf: Anstelle von
Zelten oder Sackhütten stehen hier recht stabile
Holz- und Steinhütten. Kleine Geschäfte säumen
den Straßenrand. »Am Anfang waren es nur sechs
Familien, die mitgemacht haben«, erzählt eine
Slumbewohnerin, die von Anfang an dabei war.
»Schon nach einigen Wochen wurden es mehr. Vor
allem die alten Leute wollten etwas zu tun haben.
Sie sind die besten Spinner.« Aber es sei auch zäh
gewesen, erzählt ihr Mann. Und viel Geduld war
nötig. »Doch was hatten wir schon zu verlieren –
uns ging's verdammt dreckig«, ergänzt er.

Die Familie nebenan hat sich auf das Färben
und Bedrucken der Stoffe spezialisiert. »Wir haben immer noch kein Geld. Wir tauschen unsere
Arbeitsleistung gegen Waren ein«, gibt die Nach-
barin zu bedenken. Doch nach einer Weile sagt
sie: »Uns geht es besser, seit wir hier Kleidung herstellen. Wir haben zu essen und ein Dach über
dem Kopf.« Nur das Weben der Stoffe war ein Problem. Sie mußten lange Wege gehen, um die ge-
sponnene Baumwolle zu Textilien verarbeiten zu
können. Die nunmehr 30 Familien, die sich durch
die lokale Textilienproduktion ihren Lebensunterhalt verdienen, haben lange nach einem Weber ge-
sucht. Erst kürzlich waren sie erfolgreich: Seit ein
paar Wochen lebt und arbeitet hier jetzt ein Weber.

Für Joshi ist gerade die Eigenständigkeit der
Slumbewohner eine Bestätigung dafür, daß ihr
Konzept funktioniert. Ein Entwicklungspro-
gramm der Vereinten Nationen nach dem anderen
habe versagt, und auch die landeseigene Politik
habe immer nur die Besitzenden erreicht. Die in-

ternationalen Zuwendungen würden zum Fenster
hinausgeworfen oder in die eigenen Taschen ge-
steckt. »Es ist, als hätte man vergessen, wie man
zu Hause kocht, und würde nur noch in Restau-
rants essen gehen, zu sagenhaft teuren Preisen«,
vergleicht Joshi die Textilproduktion mit der Nah-
rungsherstellung. Sie beruft sich dabei auf eine
lange Tradition. Das Spinnen und Verarbeiten von
Baumwolle spielte in Indien schon vor der Kolonialzeit eine wichtige Rolle. In anderen Dritte-Welt-
Ländern, so hofft Joshi, könnte ihr Ansatz ebenso
funktionieren. Einladungen nach Kenia, Tansania
und Uganda sind bereits an sie ergangen. Die Ver-
antwortlichen dort hoffen auf eine Breitenwir-
kung der *Charkha* in den abgelegenen Dörfern des
Landes.

»Im 21. Jahrhundert wird es den Menschen sehr
viel besser gehen als heute«, meint Joshi voller
Überzeugung. Ob in Indien, Afrika, Lateiname-
rika oder in den armen Regionen der ehemaligen
Sowjetunion – alle könnten ihre eigene Kleidung
herstellen und, damit beginnend, ihre Grundbe-
dürfnisse befriedigen.

Peter Moll und Petra Schwiegershausen

Was tun gegen die
Ausbeutung von Kindern

Ein generelles Importverbot, Handelssanktionen
oder Sondersteuern für Produkte aus Kinderhand
würden den Kindern nichts nützen, das Einkommen ihrer Familien aber weiter schmälern. Baumwolle produzierende Kleinbauern sind auf dem
Weltmarkt kaum konkurrenzfähig. Und auch
Großbetriebe hätten Schwierigkeiten, würden sie
für Kinderbetreuung sorgen oder Löhne zahlen,
bei denen ein Elternteil zu Hause bleiben kann.
Wer keine Rücksicht auf Kinder nimmt, hat die
besseren Marktchancen.

Dennoch gibt es Nischen: Für unter zehn Mark
liefert der Importeur Ulrich Depken der Kinder-
rechtsorganisation terre des hommes T-Shirts aus
handgepflückter Baumwolle, die ohne Kinderarbeit und ohne Agrarchemie produziert wurden.
Mit einem Preisaufschlag beim Verkauf finanziert
terre des hommes Projekte für arbeitende Kinder
im Süden: Befreiung aus Schuldknechtschaft; Bil-
dungsprogramme; einkommenschaffende Maßnahmen für Familien, damit sie ihre Kinder in die
Schule schicken können, und Unterstützung für
Kinder und Eltern, die sich organisieren, um bes-
sere Löhne und Arbeitsbedingungen durchzuset-
zen.

Die 20 Mark für ein solches T-Shirt sind einem
Sozialhilfeempfänger wohl dennoch nicht zuzu-
muten. Doch wer mehr zahlen kann, müßte auch

im regulären Handel »kinderarbeitsfreie« Ware
unterscheiden können. Etwa durch ein kontrollier-
tes Qualitätszeichen. Mögliche Kriterien: In Fami-
lienbetrieben Kinderarbeit nur bei gleichzeitigem
Schulbesuch. Auf Plantagen jedoch Kinderarbeits-
verbot, Kinderbetreuung, Gewerkschaftsfreiheit
und Zahlung von Mindestlöhnen – damit die Kinder nicht woanders hinzuverdienen müssen.

Ein solches Siegel allein reicht nicht, so wenig
wie die erwähnten Projekte für die Betroffenen
oder Verbraucheraufklärung oder die Vereinba-
rung sozialer Mindeststandards im Welthandel
auf Regierungsebene. Wenn aber in all diese Rich-
tungen Schritte unternommen werden, kommen
wir der Abschaffung ausbeuterischer Kinderarbeit
näher.

Peter Strack

Lesetip:

Zum Beispiel Kinderarbeit. Lamuv Taschenbuch 104
(Süd-Nord)

Am Etikett
sollt ihr sie erkennen

Der Deutschen Lieblingsstoff ist aus Baumwolle.
Zwischen 11 und 23 Kilogramm Textilien ver-
braucht jede Bundesbürgerin und jeder Bundes-
bürger durchschnittlich im Jahr. Davon sind mehr
als die Hälfte – 53 Prozent – aus Baumwolle. Von
den weltweit produzierten Textilien bestehen im-
merhin 47 Prozent aus Baumwolle.

Schätzungen gehen davon aus, daß 7000 bis
8000 Textilhilfsmittel im Handel sind, die auf 400
bis 600 verschiedenen Wirkstoffen basieren. Da-
neben werden bei der Textilveredelung auch Farbmittel eingesetzt – der Farb-Index enthält derzeit
4000 unterschiedliche Substanzen. All diese
Stoffe können potentiell als Rückstände im Textil
verbleiben.

Einige von ihnen sind für Mensch und Umwelt
äußerst gefährlich. Außerdem werden in Baumwolltextilien Rückstände von Pestiziden gefunden, die aus dem Baumwollanbau, der Lagerung
und dem Transport stammen. Verglichen mit den
Farbstoffen, stellen sie für VerbraucherInnen allerdings das geringere Problem dar.

Textilvertreiber sind bis heute nicht verpflichtet,
anzuzeigen, welche Chemikalien bei der Produktion eines Textils eingesetzt wurden. Zwar gibt es
seit 1972 das Textilkennzeichnungsgesetz (TKG).
Dieses Gesetz schreibt dem Hersteller aber nur

eine Auskunftspflicht darüber vor, aus welchen Rohstoffen das Produkt besteht.

Im Laufe der stellenweise sehr emotional geführten Diskussion über »Chemie in der Kleidung« sind Firmen in den vergangenen Jahren dem Bedürfnis der Verbraucher nach Informationen und nach gesunder Kleidung einen Schritt entgegengekommen. Vorreiter waren kleinere Textilhersteller, die sogenannte »Naturtextilien« mit den verschiedensten »Öko-Zeichen« auf den Markt brachten, und auch die großen Textilhersteller bewegten sich angesichts der Krise der deutschen Textilindustrie im Trend der Zeit. Die Vielfalt der »Öko-Zeichen« verunsicherte jedoch nicht nur VerbraucherInnen, auch ExpertInnen gerieten ins Schwitzen.

1994 wurden die von der Internationalen Gemeinschaft für Forschung und Prüfung auf dem Gebiet der Textilökologie (Öko-Tex) entwickelten Kriterien zu einem Öko-Tex-Label verbindlich vereinbart. Der vom Gesamtverband der deutschen Textilindustrie gegründete Verein für verbraucher- und umweltfreundliche Textilien, der das Markenzeichen schadstoffgeprüfte Textilien (M.S.T.) kreiert hatte, gab dieses Label auf und schloß sich dem Öko-Tex-Label an. Es garantiert, daß Kleidung, die mit dem Öko-Tex-Label ausgezeichnet ist, Pestizide, Formaldehyde und Schwermetalle nur in Mengen enthält, »die für die VerbraucherInnen unbedenklich sind«. Außerdem wird zugesichert, daß Krebs und Allergien auslösende Farbstoffe nicht verwendet werden.

Obwohl dies durchaus ein Fortschritt ist, blieb das Label nicht ohne Kritik. So werden nur ausge-

wählte Rückstände von Chemikalien begrenzt. Zudem ist es, wie die meisten »Öko-Labels« auf dem
hiesigen Textilmarkt, nur auf das Endprodukt ausgerichtet und für den Verbraucherschutz bestimmt
– sehr begrüßenswert, jedoch nicht ausreichend. In
der gesamten textilen Produktionskette – von der
Produktion der Faser, ihrer Veredelung bis zur Ent-
sorgung der Altkleider – liegen Probleme, die bei
diesen Labels völlig ausgeklammert werden wie
zum Beispiel die Situation der Arbeiterinnen und
Arbeiter in der Produktion von Baumwolle, die
Kontamination der Umwelt und der AnwohnerIn-
nen von Textilverarbeitungsstätten.

»Werden Textilien in Deutschland produziert«,
so Regine Rascher-Friesenhausen, Produktmana-
gerin für Textilien bei Greenpeace, »verschwinden
100 000 von insgesamt 400 000 Tonnen verbrauch-
ter Chemikalien im Abwasser. Textilveredeler ver-
brauchen zum Färben der Stoffe rund 12 000 Tonnen Farbe. Dabei werden 250 Millionen Kubik-
meter Abwasser durch die Kläranlagen gepumpt.
Irgendwo müssen die Rückstände ja bleiben.« Ver-
gabekriterien für Öko-Labels müssen daher um-
fassender sein – zum einen den Schutz der VerbraucherInnen vor gesundheitsgefährdenden Textilien berücksichtigen, zum anderen den in der
Produktion und Verarbeitung Beschäftigten ein
menschenwürdiges Leben sichern helfen.

Damit VerbraucherInnen in der Lage sind, eine
ökologisch, ökonomisch und sozial tragfähige
Baumwollnutzung zu unterstützen, ist eine allge-
mein verständliche und umfassende Produktinfor-
mation nötig. Für Lebensmittel und Kosmetika
existiert bereits eine gesetzliche Kennzeichnungs-

pflicht: Jeder Stoff, der bei der Herstellung verwendet wurde, muß in einem Zutatenverzeichnis
aufgeführt werden. Hier funktioniert es also.
Diese Kennzeichnungspflicht müßte auf Textilien
übertragen werden.

Dagmar Parusel

*Cotton Connection! Für eine ökologisch und sozio-
ökonomisch langfristig tragfähige Baumwollproduktion*

Cotton Connection

Ängste der Verbraucherinnen und Verbraucher vor »Chemie in der Kleidung« förderten in der Bekleidungsindustrie den Trend zu Textilien, denen Etiketten mit Begriffen wie »Natur«, »Öko« oder »schadstoffgeprüft« angeheftet wurden. Bislang tragen solche Etiketten eher dazu bei, VerbraucherInnen zu verwirren, als über die Produktionsbedingungen und den Schadstoffgehalt des Textils zu informieren.

Zudem geht es den Textilfirmen, von wenigen Ausnahmen abgesehen, nur um die Rückstände im Endprodukt. Die vorgelagerten Produktionsstufen der textilen Kette bleiben weitgehend unberücksichtigt. Textilien erhalten ein Gütezeichen, obwohl beim Anbau der Baumwolle massiv für Mensch und Umwelt gefährliche Pestizide eingesetzt werden.

Dies war für das Pestizid Aktions-Netzwerk (PAN) e.V. der Anlaß, die Kampagne »Cotton Connection« ins Leben zu rufen. Unter diesem Namen entstand im Sommer 1994 ein Arbeitskreis, der sich für die Verbesserung der Bedingungen im Baumwollanbau einsetzt. Dabei sollen zwei Stationen der Lebenslinie von Baumwolle im Vordergrund stehen: der Baumwollanbau in Entwicklungsländern und die hiesige Vermarktung von Baumwolltextilien. Die Kampagne will eine »Brücke« bauen zwischen den in Ländern des Südens im Baumwollanbau tätigen Menschen und den sie vertretenden Organisationen und uns VerbraucherInnen.

Ziel ist, den Aufbau einer sozial, ökologisch und ökonomisch langfristig tragfähigen Baumwollnutzung zu fördern. Dafür soll der Dialog zwischen Baumwoll-ProduzentInnen und VerbraucherInnen gestärkt und darauf hingearbeitet werden, daß wir VerbraucherInnen am Etikett erkennen können, welche Produktionsform wir mit dem Kauf eines Textils unterstützen.

Carina Weber

Die Mitgliedsorganisationen des AK Cotton Connection sind unter »Adressen« aufgeführt.

Adressen

gepa – Gesellschaft zur Förderung der Partner-
schaft mit der Dritten Welt mbH – Aktion Dritte
Welt Handel, Talstraße 20, D-58332 Schwelm

Sekretariat der Enquête-Kommission, Bundes-
haus, 53113 Bonn

terre des hommes, Ruppenkampstraße 11a,
49084 Osnabrück

terre des femmes, Postfach 25 65, 72015 Tübingen

Der »AK Cotton Connection«:
Koordination: Pestizid Aktions-Netzwerk (PAN)
e.V.

Pestizid Aktions-Netzwerk (PAN) e.V.,
Nernstweg 32, D-22765 Hamburg

Arbeitsgemeinschaft der Verbraucherverbände
(AgV) e.V., Heilsbacherstraße 20, D-53123 Bonn

Bund für Umwelt und Naturschutz Deutschland
(BUND) e.V., AK Umweltchemikalien/Toxikolo-
gie, Im Rheingarten 7, D-53225 Bonn

Bremer Umweltinstitut (BRUMI) e.V., Wieland-
straße 25, D-28203 Bremen

Cotton Country Naturtextilien GmbH, Rudolf-
Diesel-Straße 30, D-28876 Bremen

ECO-Umweltlabor GmbH, Engelbertstraße 41,
D-50674 Köln

EPEA Umweltinstitut, Feldstraße 36, D-20357
Hamburg

Gesellschaft für Technische Zusammenarbeit
(GTZ) GmbH, Dag-Hammarskjöld-Weg 1–2,
D-65760 Eschborn

Greenpeace Umweltschutzverlag, Vorsetzen 53,
D-20459 Hamburg

Institut für angewandte Kulturforschung (IFAK),
Nikolaistraße 15, D-37073 Göttingen

Verbraucherzentrale Rheinland-Pfalz, Große
Langgasse 16, D-55116 Mainz

Verbraucherzentrale Nordrhein-Westfalen,
Mintopstraße 27, D-40215 Düsseldorf

Verein zur Förderung von Landwirtschaft und
Umweltschutz in der Dritten Welt (VFLU) e.V.,
Langgasse 24/H, D-65183 Wiesbaden

Tips zum Weiterlesen

Knirsch, J.: Pestizideinsatz bei der Primärproduktion von Naturfasern: Baumwolle, Leinen (Flachs), (Schaf-)Wolle und Seide. PAN e.V. (Hg.), Hamburg 1993

Enquete-Kommission »Schutz des Menschen und der Umwelt« des Deutschen Bundestages (Hg.): Die Industriegesellschaft gestalten – Perspektiven für einen nachhaltigen Umgang mit Stoff- und Materialströmen. Economica Verlag, Bonn 1994

Pestizid Aktions-Netzwerk: Zum Beispiel Pestizide. Lamuv Verlag, Göttingen 1991

Grießhammer, R. & Burg, C.: Wen macht die Banane krumm. Rowohlt Verlag, Reinbek bei Hamburg 1995

Hobhouse, H.: Fünf Pflanzen verändern die Welt. Verlag Klett-Cotta, Stuttgart 1988

Schultz, I.: Globalhaushalt – Globalisierung von Stoffströmen – Feminisierung von Verantwortung. Verlag für Interkulturelle Kommunikation, Frankfurt am Main 1993

Strobusch, F./Terpinc, B.: Zum Beispiel Altkleider, Lamuv Verlag, Göttingen 1995

Strütt-Brinckmann, T. (Hg.): Der Stoff, aus dem
    die Kleider sind. Die Verbraucherinitiative,
    Bonn 1994

Verbraucherzentrale Baden-Württemberg (Hg.):
    Broschüre: Betrifft Textilien. Stuttgart (ohne
    Jahr)

Abteilung Internationale Entwicklungszusam-
    menarbeit der Friedrich-Ebert-Stiftung (Hg.):
    Textilarbeiterinnen fordern Gerechtigkeit, Dia-
    logreihe Entwicklungspolitik 3. FES, Bonn
    1992

Friege, H./Frank, C./D'Hase, M.: Chemie im
    Kinderzimmer. Rowohlt Verlag, Reinbek bei
    Hamburg 1986

Rosenkranz, B. & Castello, E.: Textilien im
    Umwelt-Test. Rowohlt Taschenbuch Verlag,
    Reinbek bei Hamburg 1993

Ried, M.: Chemie im Kleiderschrank. Rowohlt
    Verlag, Reinbek bei Hamburg 1989

Ziegler, J.: Chemie in der Kleidung. Verlag
    Fischer alternativ: Frankfurt am Main 1995

Südwind e.V. (Hg.): Der Deutschen alte Kleider,
    Texte 3. Südwind e.V., Buch/Hunsrück 1994

Quellenverzeichnis

S.   7 Aus: K.-P. Krause, Das große Rohstoffmanöver – Wie
abhängig ist unsere Wirtschaft, in: gepa, September 1986,
S. 153 f.

S.   8 Foto: Dagmar Parusel

S.   9 Textauszüge aus Yasar Kemals Romanen »Der Wind aus
der Ebene« und »Das Unsterblichkeitskraut«, beide
erschienen im Zürcher Unionsverlag

S. 17 Zit. nach: H. Brandt, Die Baumwollerzeugung afrikani-
scher Länder, Schriften des Deutschen Instituts für Ent-
wicklungspolitik (Hg.), Band 97, Berlin 1989

S. 18 Aus:Textilien im Umwelt-Test, rororo Sachbuch 9363,
S. 31 f., Copyright 1993 by Rowohlt Taschenbuch Verlag
GmbH, Reinbek

S. 26 Zit. nach: Nigel Barley, Traumatische Tropen, Klett-
Cotta, Stuttgart 1990

S. 35 Textauszug aus: Dritte-Welt-Haus Bremen (Hg.), Bremen
– Schlüssel zur Dritten Welt, Agipa Press, Bremen 1994

S. 39 Aus: Barbara Veit/Hans-Otto Wiebus, Dritte-Welt-Buch
für Kinder, Ravensburger Buchverlag, Ravensburg 1988
(leicht verändert)

S. 43 Textauszug aus: Kooperation Brasilien/Dritte-Welt-Haus
Bielefeld, Kinderarbeit in Brasiliens Exportwirtschaft,
Bielefeld 1993 (aktualisiert)

S. 50 Quelle: Deutsche Welle, Monitur-Dienst Asien, 27. Juli
1994

S. 51 Textauszug aus: Dritte-Welt-Haus Bremen (Hg.), a.a.O.

S. 63 Textauszug aus: Irmgard Schultz (Hg.), GlobalHaushalt –
Globalisierung von Stoffstömen – Feminisierung von Verantwortung, IKO-Verlag, Frankfurt am Main 1993, Copyright: Institut für sozial-ökologische Forschung GmbH,
Frankfurt am Main

S. 68 Quelle: die tageszeitung, Bremer Ausgabe, 18. November
1989

S. 89 Foto: Carina Weber

S. 91 Textauszug aus: die tageszeitung, 14. Juni 1994

S. 102 Zeichnung: Dagmar Parusel

Über die Redakteurinnen

Carina Weber studierte Soziologie, Pädagogik und Politik für das Lehramt der Sonderpädagogik, absolvierte das Referendariat am Staatlichen Studienseminar in Hamburg, ist Geschäftsführerin des Pestizid Aktions-Netzwerks (PAN) e.V. in Hamburg und hat für die Süd-Nord-Buchreihe bereits den Band »Zum Beispiel Pestizide« mit betreut.

Dagmar Parusel ist Biologin und bei PAN zuständig für die Baumwollkampagne »Cotton Connection«.

Zum Beispiel Giftmüll
Redaktion: Christiane Grefe/Andreas Bernstorff
Lamuv Taschenbuch 98

Die Industriestaaten versuchen ihr Sondermüllproblem zu exportieren. Giftmüll auf eine wilde Deponie in die Dritte Welt zu schaffen, das ist immer noch billiger, als ihn in Europa fachgerecht zu entsorgen.
Sondermüll-Deponien galten vielen Regierungen als neue Devisenquelle. Mittlerweile sind sie auf die damit verbundenen Gefahren aufmerksam geworden. Seit 1989 existiert eine internationale Konvention zur Kontrolle der Müllexporte; ein generelles Ausfuhrverbot besteht allerdings immer noch nicht.
Die Firmen haben einen neuen Markt entdeckt: Sie bieten der Dritten Welt Müllverbrennungsanlagen an, die den Sondermüll bearbeiten können. Dann kann unser Gift weiter nach Süden geschafft werden. Was jedoch mit den hochgiftigen Rückständen geschieht, bleibt unklar.

Zum Beispiel Holz
Redaktion: Ekkehard Launer. Lamuv Taschenbuch 72

Die Abholzung der tropischen Wälder ist bereits weit vorangeschritten. Die ökologischen Folgeschäden haben längst auch die Industrienationen erreicht. »Die Wälder stützen den Himmel«, sagen die südamerikanischen Indianer, »wenn sie gefällt sind, wird das Firmament auf uns fallen.«

Zum Beispiel Hunger
Redaktion: Ekkehard Launer. Lamuv Taschenbuch 132

Noch produziert die Erde Nahrung im Überfluß, und doch hungern auf unserem Planeten 800 Millionen Menschen. Noch ist es vor allem ein Problem der Verteilung und der Politik: Das Viertel der Menschheit, das sich zu einem großen Teil von Fleisch ernährt, verzehrt indirekt 40 Prozent der Welternte an Getreide. Die Aussichten sind düster: In den meisten Entwicklungsländern wächst die Menge der produzierten Nahrungsmittel nicht so schnell wie die Bevölkerung.

Bücher aus dem Lamuv Verlag

Christa Wichterich (Hg.)
Menschen nach Maß
Bevölkerungspolitik in Nord und Süd

Eine Neue Weltordnung der Fortpflanzung setzt sich durch: Behinderte werden durch vorgeburtliche Diagnostik aussortiert. Frauen im Rentenalter kommen durch einen kleinen Umweg übers Reagenzglas zum ersehnten Nachwuchs. In den Entwicklungsländern soll eine »Impfung« gegen Schwangerschaft die Rettung vom Kinderreichtum bringen.

Menschen, vor allem Frauen, werden zum Material für Wissenschaft und Bevölkerungspolitik, zu ausbeutbaren Objekten für die Privatwirtschaft. In der Verzahnung dieser Prozesse zeigt sich, wie untrennbar die medizinisch-technischen, wirtschaftlichen und politischen Steuerungen in Nord und Süd verknüpft sind.

Christa Wichterich
Frauen der Welt
Vom Fortschritt der Ungleichheit

Was hat das vergangene Jahrzehnt Frauen weltweit gebracht? Welche Themen und Probleme haben sie beschäftigt? Wo steht die internationale Frauenbewegung heute?

Unter dem Strich kann die Mehrzahl der weiblichen Erdbevölkerung das letzte Jahrzehnt nicht als Gewinn verbuchen. Weltweit wächst die Armut, und bekanntlich ist sie weiblich. Immer mehr Frauen sind erwerbstätig, doch die meisten schuften und schwitzen in unterbezahlten Teilzeitjobs. Das Tempo der Naturzerstörung hat sich beschleunigt, sie betrifft Frauen in besonderer Weise. Die Frauenbewegungen haben sich verbreitert, sind jedoch bedroht durch ein politisches Rollback und verschiedene Fundamentalismen. Die Vereinten Nationen beklagen zunehmende Gewalt gegen Frauen.

Christa Wichterichs Fazit: Die Ungleichheit zwischen Männern und Frauen schwindet nicht dahin, sie wird modernisiert.

Erschienen im Lamuv Verlag